システム思考で地理を学ぶ

持続可能な社会づくりのための授業プラン

地理教育システムアプローチ研究会

山本隆太・阪上弘彬・泉　貴久・梅村松秀・河合豊明・中村洋介・宮﨑沙織 編

古今書院

Systems thinking in geography education:
Lesson plans for teaching sustainability

Edited by Systems approach in school geography Japan
（**YAMAMOTO Ryuta, SAKAUE Hiroaki, IZUMI Takahisa, UMEMURA Matsuhide,**
KAWAI Toyoaki, NAKAMURA Yosuke and MIYAZAKI Saori ）

ISBN978-4-7722-4220-2

Kokon Shoin Publishers Ltd., Tokyo, 2021

　21 世紀はアントロポシーン（Anthropocene）である。人類が地球に対してきわめて大きな影響力を獲得したことを自覚し，地球の持続可能性という最重要課題に正面から向き合う時代である。グローバルにもローカルにも，自然環境の保護・保全，社会の公平と公正，経済の発展を同時に達成することが求められている。こうした人類共通の目標である持続可能な開発目標（SDGs）に対して，地理教育はどのような役割を果たせるのか？プレゼンスを発揮できるのか？また，これまでの持続可能な開発のための教育（ESD）をめぐっては，地理教育には何が足りなかったのか？

　本書は，世界の地理教育で注目されている「システムアプローチ」の理論と実践について，研究者や学校教員の方々に執筆していただいたものである。こうした企画にいたったのは，SDGs や ESD の文脈において，システム思考の重要性が認知されるようになったことが大きい。いまや，複雑で見通しの立たない状況を把握するためにはシステム思考が必要不可欠だという認識は一般に広がりつつある。また，2017 年および 2018 年版学習指導要領では，資質・能力が重視されるとともに，教科の特有の見方や考え方にあらためて注目が集まっている。システムアプローチはその意味ではまさに見方や考え方であり，資質・能力論としても研究の蓄積がある。これからの地理学習の基軸となることが期待される。

　また，私事ではあるが，私自身は以下のようにとらえている。1990 年代のインターネット黎明期からノストラダムスの大予言までの時期，私は中学・高校で地理を学んだ。大学受験科目としての地理では，太字の用語をつなげてストーリー化し，暗記の効率化を図った。自然地理から始めて人文地理までいたる地誌のストーリーを作ることがコツだと，友人に教わった。大学に入ると，同じような受験対策をした学生も多かったが，この素朴な考え方は環境決定論と呼ばれ，批判され過去のものとなっていることを後の地理学の講義で知った。しかし，ESD 大国といわれるドイツの地理教育を調査する中で，これに似たものが人間環境システムと呼ばれ，地理教育の根幹に据えられていることがわかった。そして徐々に，日本の地理教育や ESD に足りないものが「システム思考」であるような気がしてきたのだ。

　あらためて本書は，日本の地理教育の現状に課題意識をもち，これからの地理教育に対してシステムの考え方が必要だと考えた「地理教育システムアプローチ研究会」のメンバーによって書かれたものである。

　システムアプローチを地理教育に採り入れることの意義について，主に海外の研究成果を基にしながら明らかにするとともに，システムアプローチを採り入れた地理授業実践（高

校，中学）とその成果・課題を報告したものである。その原稿の多くは古今書院発行の月刊誌『地理』（2018年2月号〜2019年3月号）での連載を基礎としている。

　理論編では，海外の動向を軸とした解説を掲載した。世界で注目されているシステムアプローチは，実は日本では「気がつかれなかった」経緯があり，ここにESDに対する地理教育の不足点が認められる。そこで，日本に導入することの意義や，深めたい視点を示した。また，本書に登場する思考ツールも紹介した。

　実践編では，システム思考のツールと授業実践プランを掲載した。内容は，「身近な生活・生活圏の調査」，「世界の諸地域」，「地球的課題」，「自然環境と防災」，「持続可能な国土像」の5つに分類している。いずれも2017年および2018年版学習指導要領の中学・高校の地理学習において比較的手軽に実践できるように，授業のねらいやツールをわかりやすく提示することを心がけた。また，本書は全体を通じて実践編を軸に据えており，より実践者に向けた書籍となることを目指した。

　なお，本書を円滑に読み進めるための用語集と，より深くシステムアプローチについて知りたい方に向けた推薦図書も本書の末尾に掲載した。

　最後に本研究会について触れたい。2015年1月に梅村松秀，泉貴久，宮﨑沙織，中村洋介と山本の5名で始めた「地理教育システムアプローチ研究会」は，研究者と実践者からなるメンバーを徐々に増やし，2018年度・2019年度には日本地理教育学会の公認研究グループとしても活動した。とりわけ東北や関西方面など遠方から参加してくださる方により，本研究会の活動は成り立っている。本書の執筆にあたり，校務等で御多忙の中，執筆を快く引き受けてくださった研究会メンバー諸氏には心より感謝申し上げる。また，本書の内容の一部には，JSPS科研費 JP20K02874 の成果が反映されている。

　末筆ながら，古今書院の橋本寿資社長のご理解と，編集担当の原光一氏のご尽力に対しあらためて深く感謝する次第である。

2021年2月吉日

編者を代表して　山本 隆太

初出一覧

　本書は，以下に示す月刊誌『地理』（古今書院：2018年2月号〜2019年3月号）の連載「システムアプローチで考える地理教育」で執筆された論文および『地理科学』（地理科学学会：74（3）「システム思考をはぐくむ地理学習−ESDで問われているもの」）所収の論考などをもとに，再構成したものである。またこれ以外の章・節・項目に関しては，本書の出版に合わせて書き下ろしたものである。

1-2
　宮﨑沙織（2019）社会構造やパラダイムに気づくことの重要性．地理64（2），pp.110-115.

2-1-1
　金田啓珠（2018）システムの思考で捉えた山形県上山市のクアオルト．地理63（4），pp.98-103.

2-1-2
　小河泰貴（2019）システム思考を用いた地域的諸課題の考察−地域調査の実践を通して−．地理科学74（3），pp.148-157.

2-2-1
　長谷川正利（2018）中学世界地誌「アメリカ合衆国」でのループ図を用いた授業実践．地理63（11），pp.100-105.

2-2-2
　佐々木智章（2019）中学校における関係構造図を利用した授業−南米の熱帯雨林について考える−．新地理67（1），pp.68-70.

2-3-1
　田中岳人（2018）システム思考を用いた授業−地球的課題「アラル海の縮小」−．地理63（5），pp.103-109.

2-3-2
　泉　貴久（2018）開発コンパスを活用したシステム思考を育む地理授業−「チョコレートから世界が見える」の実践プランの提案−．地理63（6），pp.100-105.
　泉　貴久（2019）システム思考に基づいた高等学校地理における地球的諸課題の解決と社会参加を目指した授業実践−単元「チョコレートから世界が見える」を通して−．地理科学74（3），pp.180-191.

目　次

第1章　システムアプローチと思考ツール

第2章　システムアプローチに基づいた授業実践

第 3 章　システムアプローチの背景

① 本書で登場する思考ツールについて

山本　隆太

１．現代的な諸課題の学習を一歩前へ

　現代的な諸課題を授業で取り上げ，生徒に解決策を話し合わせると，「地方のまちは自然しかないから何をしても無理」，「地球的な課題は複雑すぎて，解決策は難しいということしかわからない」というオチになることはないだろうか？　本書で取り上げる思考ツールは，そうした授業をもう１歩前に進めるためのものである。

・「この町の自然を活かしたまちづくりを進めると，経済と社会と環境に良い循環ができることがこの図からわかる」

・「ソマリアの海賊の問題では，国際社会の海軍派遣という解決策は海賊を海から一掃する一方で，陸地での治安悪化を招くことが，この図の矢印で示した部分に表現されている」

　思考ツールを用いると，生徒の認識や思考，判断を表現し，共有することができる。

　以下では，本書で登場するさまざまな思考ツールを取り上げて，その種類や特性を端的にまとめている。

　なお，予め断っておくと，問題解決策を導き出す最強の思考ツールはない。どれもあくまで問題解決に向けた一つの補助的なツールに過ぎない。しかし，主体的・対話的で深い学びや持続可能な将来と向き合う地理教育にとって，その役割は少なくないだろう。

２．なぜ思考ツールが必要なのか？

　現代的な諸課題の最大の特徴は，グローバル化によりさまざまな事象が極めて複雑に絡み合っていることであり，また，その状況が短期間に劇的な変化を遂げるため，将来の見通しが立ちにくいことである（「VUCA な世界」と呼ばれる）。そのため，問題に対する解決策も一様ではない。また，画期的だと思った解決策が期待したような効果を出せなかったり，それどころか思わぬ副作用を招いたり，場合によっては，長期的にみると問題を悪化させることさえある。20 世紀はこうした「昨日の解決が，今日の問題を生む」事態が繰り返されてきた時代といっても過言ではない。

　さらに，現代的な課題には数多くの人々がさまざまなレベルで関与しているため，自分とは考えや立場が全く異なる他者と協力しなければ，持続的な問題の解決に向かえないの

が常である。つまり，事態の複雑さ（＝事象や人々の複雑なつながりと構造＝システム）を理解し，それを他者とわかりやすく「見える化」して共有することが，問題解決に向けた第一歩となる。

　言い換えれば，本書での思考ツールとは，地球レベルの課題や地域スケールの課題を持続可能な解決（諸問題の同時解決）へと向かわせるために，課題の複雑なシステムにおける「関係」（つながり）と「構造」を可視化し，それを他者と共有しながら将来を「予測」し，解決に向けた突破口である「解決点」（介入点）を見つけるためのツールともいえる。

3．本書で登場する思考ツールとアクティビティー

（1）「関係」を把握するためのツール
・システムループ図

　つながっているもの同士の関係をシステムとしてとらえて，「片方が変わればもう一方も変わる」という性質に注目する。同時に，「もう一方が変化すると，その変化は最初の片方に再び影響を与える」という戻りの影響（フィードバック）にも目を向ける。このやりとりを観察し続けると，結果としてお互いに影響（作用）し合うという相互作用が見られる。この相互作用による状態の変化を可視化するのが「ループ図」である。

・ストック＆フロー図

　つながったもの同士の持続可能な状態を考える上で重要なのが，ストックとフローである。たとえば，森林の持続可能な利用を考えるとき，単純化すると，木の成長と伐採の量の比を考えることになる。木の成長という入力（インフロー）により伐採可能な木質量（ストック）が決まり，実際の伐採量（アウトフロー）が求められる。ストックを超えないようにストック＆フロー図で関係性（全体バランス）をチェックする。

（2）「構造」を意識して考えるためのツール
・開発コンパス（Development Compass）

　イギリスの開発教育分野で生み出された手法。対象とする事象や課題を，方位磁針の4方位であるNEWSにちなんで，Nature（自然），Economy（経済），Who decide/Welfare（政治／幸福），Society（社会）に4区分する。社会的な見方を軸として問題を整理し，解決策を考える。

・関係構造図（Network of Interrelations（英語），Beziehungsgeflecht（ドイツ語））

　ドイツの地球環境問題分野で生み出された手法。4つの自然圏（生物圏，大気圏，水圏，岩石圏），5つの人類圏（人口，心理，社会，技術，経済）からなる全9つの圏・領域で事象や課題を整理する。地理的な見方である「人間と自然環境との相互依存関係」を可視化し，自然システムと社会・経済システムからなる全体像を考察するツールである。

（3）「つながり」を考えるアクティビティー
・ミステリー（Mystery）

　思考ツールではないがミステリーの実践も本書では取り上げた。イギリスの地理教育で生まれた学習方法「ミステリー」は，生徒主体の集団で取組むアクティビティーとしてヨーロッパを中心に広がっている。一見何の脈略もないように思える2，3のストーリーが教員によって読み上げられると，生徒の頭の中には「そのストーリーがお互いにどう関係し合っているの？」とミステリー（謎）が生まれる。生徒はストーリーの断片が書かれた20枚から30枚のカードを読み「つなげ」ながら，グループでの話し合いを通してストーリーの「全体像」を明らかにし，謎を解く。

4．思考ツールの活用ステップ

　本書で取り上げる思考ツールにはおおよそ一定の共通した手順がある。詳しくは各章での記述に任せるとして，ここではおおまかに2ステップに分けて紹介する。

（1）ステップ1：「関係」と「構造」の可視化（システマティックな理解）
　まず，問題を構成している要素を挙げた上で，それらがどのようにつながり合っているのか（関係しあっているのか）を示す，という手順で問題を可視化する。

①要素を挙げる：教科書や資料を読み，対象とする地域や課題に関わる地理的な要素（事象）を特定し，それらを単語で書き表す（単語を楕円や四角の枠で囲む）。
②要素同士をつなげる：関連する要素同士を線や矢印でつなぎ，ネットワークを示す。

　この手順は，フローチャートやコンセプトマップ，ウェビングマップと呼ばれる一般的な思考ツールと同様の手順である。
　ただし，本書で取り上げる思考ツールにはシステムアプローチならではの特徴がある。「ループ図」や「ストック＆フロー図」はシステム的な考え方に基づいた手法であり，「開発コンパス」や「関係構造図」はシステムに加えて社会的な見方や地理的な見方（構造観）に基づいている。
　これらの見方や考え方に基づく思考ツールを活用すると，一般的に難しいと思われている社会的・地理的な見方や考え方を可視化できるという教科指導上のメリットがある。それとともに，以下のような利点が挙げられる。

・個人と集団での学習活動：まず，個人での資料の読解を通じて，事象の関係を可視化した図を作る。続いて，4人程度のグループとなり，個人が作成した図を他のメンバーの前で提示しながら報告する。その際，お互いに学習内容を確認し合い，補足しあうことができる。
・グラフィカルコミュニケーション：他の人が作った図を見たとき，その特性をグラフィッ

クゆえにより素早く把握することができるというコミュニケーション上のメリットがある。また，特に話し合い活動においては，相手の考えを図を介して視覚的に理解，検討できる。
・言語活動：考えたことを発表するにせよ論述するにせよ，言語化は欠かせない作業である。言語化を苦手とする生徒にとっては，図に示された線をたどることで（論理的な）展開のある説明文を組み立てることができる。
・ファシリテーション：生徒によっては，要素を見つけることは容易にできても，「つながりがわからない」と嘆くケースもある。その時は，図の該当箇所を指し示しながら，「この原因の原因はなに？」，「この結果の結果はなに？」と質問を投げかけ，つながりの線を引かせる。同じことを生徒同士でも行わせ，生徒自身の手で，図を介した話し合いを進めさせる。

（2）ステップ2：将来予測・解決策の導出（システミックな探究）

　次に，他者と話し合いながら，将来をシミュレーションし，解決策を考え，またその有効性を検討する。以下は将来予測の手順である。ここで大切なことは，自分たちがステップ1で作成した図を使いながら考えることである。

①図中の要素の中から，近い将来に変化する要素を見つける（1つあるいは複数の要素）。
②その要素の変化が，つながりの線を伝わって別の要素へと影響する様子を図の中でたどる。
③その影響の先にある要素が変化をし，その変化はそこからさらに線の先へと波及する。
④これを繰り返すことで，図全体へと変化が及ぶ様子を視認する。
⑤こうした様子を，線をたどりながら変化を記述しながら言語化するのが将来予測シナリオである。

　上記は将来予測の手順だが，解決策を考えるときも同様の手順である。解決策を実施することによって起こる変化を図の要素と線をなぞりながら辿り，上と同じようにシミュレートしていく。つまり，一つの解決策がある要素を解決（変化）させると，その変化は線を伝わって…と辿りながら考えていく。こうした手順を踏むと，以下のような視点を獲得し，「持続可能性の規範性」を知ることができる。

・「昨日の解決が，今日の問題を生む」：つながりを辿って将来像や解決策を検討すると，一つの問題の解決が必ずしも全体としての解決にはならないことに気がつく。むしろ，図の中の別の箇所では，場合によっては新たな問題を引き起こすケースがあるだろう。これが「昨日の解決が，今日の問題を生む」状態である。それではどうしたらよいのか。
・「問題はつながっている，解決策もつながっている」：こうした考えに頭を切り換えることである。つまり，解決策を考える時には，一つの要素の解決とともに，つながっている先の要素の解決や変化を考慮に入れることが必須である。つまり，いくつかの問題を同時に解決するように全体的な視野を持ちながら取組む。これがVUCA時代のSDGsで重視される「同時解決」である。

・過去—現在—将来のつながり：システムアプローチでは，要素の関係と構造によって現実が生み出されていると考えており，将来像（将来シナリオ）は現在の要素の関係と構造に基づいて推測するのが妥当である，と考える立場をとる。これは，将来とは過去と現在の延長にあるものという時間的な連続性を意識したものであり，フォアキャストとも呼ばれる。一方で，望ましい将来像を予め想定し，そこから現在にかけていわば逆算をすることで「今何をすべきか」を考える方法がバックキャストである。システムアプローチは，バックキャストで描かれたシナリオの妥当性，実現性の検討に用いることもできる。

　ここまで，思考ツールの活用には2つのステップがあることを紹介した。なお，ステップ1の関係の可視化はすでに多くの実践で成果が出ている一方，ステップ2の将来予測や解決策についてはまだ実践レベルでは途上である。

5．思考ツールの使い分けは？

　思考ツールには，扱うのが容易なものと難しいものとに分けられる。
　一般的な情報整理ツールであるフローチャートやウェビングマップなどに，システムの考え方を反映させたものが，ループ図やストック＆フロー図である。その意味では，これらのツールは比較的扱いやすいといえる。
　他方，システムの考え方に加えて，教科としての見方を加えたのが開発コンパスや関係構造図である。こちらは，見方と考え方が組み合わさっている分，若干高度といえる。
　こうした関係性を示したのが図1である。
　ここではシステム思考が反映されている図を「システム図」と呼ぶとすると，システム図の使い方としては，下から上にかけて，容易なものから高度なものへと段階的に使うの

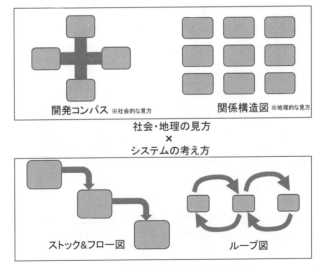

図1　システム図における見方と考え方
資料：筆者作成。

が良さそうである。

　また，関係と構造をとらえ，将来を予測するという手順を「学習プロセス」としてとらえれば，情報の収集，整理，分析，解決策の考案という探究的な学びのプロセスとも対応していることに気づく。よって，探究的な学びのプロセスの各場面に応じて，システム図を利用することも有用だろう。

６．思考ツールからみた授業実践の成果と課題

　本書で取り上げた実践例には，たとえば教科書や資料集から地理的な要素を取り上げて整理し，要素同士をつなげていく実践がある。これは 2008 年および 2009 年版の学習指導要領で示された「動態地誌的な学習」と類似する点もあり，これまで教室で実践されてきた地理の授業に重なるところがあるため，授業に取り入れやすい活動だったとも考えられる。こうした実践例が認められる一方，いまだ十分に取組めていない内容もある。それは，「みんなで予測する」ことである。「みんなで予測する」ためには授業時間数が圧倒的に足りない上に，答えがない議論をして評価はどうするのか，という不安もある。

　授業時間数の問題はすぐに解決できるものではないが，学習評価については，限定合理性の概念を踏まえながら，生徒自身が作成した図に基づいて合理的な説明を行っているかどうかで評価する方法もある。

　そもそも，複雑な現実世界に存在するすべての事象を考慮して将来像や解決策を考えられるのであれば，それが望ましい。しかし実際には，人間には認知能力の限界があり，すべての事象を考慮するのは不可能である。また，どこまで突き詰めれば「すべての事象」をカバーしたのかも定かではない。もっとも，VUCA の時代には全てを考慮に入れようとする姿勢自体が疑わしいとさえ思われる。そうであれば，まず，自分たちの認識している範囲の中で，合理的に説明がつく将来像や解決策を示せる資質・能力を育む必要がある。これについてたとえばドイツでは「地理システムコンピテンシー」として，地理でシステムを扱う際に育成されるべき生徒の資質・能力が研究されている（本書 p.115-116 を参照）。

　こうしたシステム思考を能力論として見なす動きは，すでにユネスコの持続可能性コンピテンシーの中にもみられる（UNESCO，2017；ユネスコ，2020）。システム思考は持続可能性を考えるための最初の第一歩であり，次にシナリオアプローチを用いた将来予測というステップが待っている。システム思考を身に付けたとしても，それはまだ持続可能な社会づくりの入り口に立ったにすぎない。

[引用文献]

ユネスコ著，岡山大学大学院教育学研究科 ESD 協働推進室・公益財団法人ユネスコ・アジア文化センター（ACCU）訳（2020）『持続可能な開発目標のための教育－学習目標－』https://unesdoc.unesco.org/ark:/48223/pf0000374449

UNESCO (2017) *Education for Sustainable Development Goals Learning Objectives*. UNESCO. https://www.unesco.de/sites/default/files/2018-08/unesco_education_for_sustainable_development_goals.pdf

② 社会構造やパラダイムに気づかせよう

宮﨑 沙織

1．いま，日本の教育が変わる

　現代社会に生きる人々は，これからの社会のあり様についてどのくらい予測できるだろうか。それから，これからの社会はどうあったらよいのだろうか。

　日本の地理教育は，大きな転換期にきている。2021年と2022年には，中学校と高校の2017年および2018年版学習指導要領が全面施行される。中学校社会科地理的分野では，地球的課題を扱うことや地域の課題解決に取組むことがより一層重視され，高校地理歴史科では，持続可能な社会づくりを目指した現代的な諸課題を考察する科目として「地理総合」が新設・必修化された。まさに「これからの社会はどうあったらよいか」を考える地理教育に移行しつつある。

　たとえば，『中学校学習指導要領解説 社会編』の地理的分野内容Ｃ（4）地域の在り方について，以下のように記されている（文部科学省，2018，p.73：下線部は筆者）。

「地理的な課題の解決については，多様な方法が考えられるが，この中項目では，特に「持続可能性」に着目して「構想」することが大切である。例えば，持続可能性を拒んでいる最も大きな要因に焦点化して，その要因を排除する課題解決の方策を提案するなど，課題の要因を取り除く手立てを提案する方法が考えられる。また，持続可能な社会づくりの点から見て優れていると思われる取組を調べ，それを参考に地域の実態に適合するように吟味して提案するなど，先進的な地域の取組に学ぶ方法も考えられる。さらに，持続可能な社会をつくるために，従来とは異なる考え方を追究し，地域の在り方を提案するなど，先例に捉われず，新しい理念を打ち立てる方法も考えられる。」

　ここでいう「構想」とは，「社会に見られる課題を把握し，その解決に向けて構想すること」を指し，地理領域の学習においても，現代社会の諸課題に対して，解決を目指し，方策や理念を提案していくことが示されている。では，どのようにして，持続可能性をとらえ，持続可能性を拒んでいる最も大きな要因を焦点化させたり，持続可能な社会づくりにむけた提案を行ったりしたらよいのだろうか。

　また，高校地理歴史科の「地理総合」の中心的課題の一つである「国際理解や国際協力」

でも，「生活文化の多様性や変容の要因を考察する」学習活動や「地球的課題の現状や要因について地域性を踏まえて考察する」学習活動が想定されることが記された。これらについても，具体的にどのように考察したらよいのだろうか。考察する内容は設定されていても，具体的な考察方法については，授業者に任されているのが現状である。

　今後の中・高の地理教育では，どのような教育／学習方法をもって，学習指導要領および解説で示されたような持続可能な社会づくりを目指した地理授業を展開できるだろうか。そのヒントが，システムアプローチにあるといえる。

2．システムアプローチの時代へ

　システムアプローチは，地理領域固有のものではなく，持続可能な社会づくりのために，全ての教育活動で取り入れることが可能とされる「相互関係から成り立っている構造を把握すること，その構造が生み出す全体的な挙動をとらえる方法」（本書「用語集」p.125 を参照）である。日本では，主に環境ジャーナリストの枝廣淳子氏らによる著書（枝廣・内藤，2007，など）や ESD および SDGs のための教育の普及によって，システムアプローチ（システム思考）が紹介された。

　一方，北米では，科学教育や環境教育などの分野で，1980 年代後半頃よりシステムアプローチが先駆的に導入された。現在まで，システムアプローチは，科学教育や環境教育などに関わるさまざまな媒体で紹介され，実践されている。たとえば，北米の環境教育雑誌 *"Green Teacher"* の指導集（高校版）では，デニス・メドウズ＆ドネラ・メドウズらの論を背景に，John Goekler が「Teaching for the Future: Systems Thinking and Sustainability（未来に向けた教授－システム思考と持続可能性－）」という論稿（Goekler, 2008, pp.2-3）で，次のように述べている（下線部は筆者）。

「（人間社会が直面する問題に対して）防止や介入，改善のために，これまでに何千もの法を制定し，数兆ドルもの金額を投入してきた。しかし，世界平和にも持続可能な経済にも地球環境の改善にも全く近づいていない現状にある。

　なぜそうなのか。簡単なことで，問題の原因は我々の思考・学習・コミュニケーションの方法にある。我々の思考は，我々が構築した政治・経済・社会的な構造を基盤としているのである。（中略）我々が変化を望むのであれば，諸事象を生み出す構造を変えなければならない。」

　このように，現代社会が直面する諸課題の解決のために，構造をとらえ，変容を考えるシステムアプローチを用いることが重要であることを主張している。

　ここで，システムアプローチの説明にしばしば登場する「構造（structures）」という用語に着目したい。システムアプローチで対象とする構造（いわゆる社会をとりまく構造）とは何か。そして，構造を重視する背景として，どのような思想があるのか。

（1）システムアプローチで対象とする社会をとりまく構造

　構造をとらえるとは，要素をばらばらにとらえるのではなく，つなげて全体としてとらえることである。構造の概念は，論者によって，少しずつ異なった論が展開されているが，動態的な関係性を重視する考え方と複数の枠組を重視する考え方の大きく二つに分かれる。よって，システムアプローチで対象とする社会をとりまく構造とは，概略的にいえば，社会的事象に関連する要素の相互関係や因果関係（つながり）に着目し，事象をとりまく複合的なシステムを指す。そして，「関係」性を重視したり，「構造」（枠組）を重視したり多様な立場がある（前節の思考ツールにおいても，「関係」と「構造」で分類し説明している）。

（2）システムアプローチの背景となる思想―2つのパラダイム―

　システムアプローチは，システム論的パラダイムを背景に提案された考え方である。なお，パラダイムとは，ある時代の科学的な営みの基本的な考え方のことを指し，また広義では，ある時代のものの見方・考え方を指す。システムアプローチを導入する際には，近代科学の基本的な考え方とされてきた機械論的パラダイムではなく，システム論的なパラダイムのもと，導入することがのぞまれる。表1に，カプラ（1995）やパイク・セルビー（1997）より，2つのパラダイムの主な特徴をまとめた。

表1　2つのパラダイムの主な特徴

機械論的パラダイム	システム論的パラダイム
・全体の中の部分に着目する	・部分ではなく，全体に着目する
・全体は部分の単なる総和である	・全体は部分の相互作用と相互依存によって構成される
・線形的（問題／解決，原因／結果など）プロセスを重視する	・非線形的（フィードバック・ループなど）プロセスを重視する
・静的にとらえる	・動的にとらえる（ダイナミクス）
・単純化および厳密にする	・複雑性を明らかにする
・全体や部分を要素に還元し（分解し），本質を追究する	・マルチレベルの構造をなし，そこから全体の本質・原理を追究する
・人間および社会は，自然や自然界のシステムとは別のものであり，自然をコントロールできる	・人間および社会は，自然や自然界のシステムに組み込まれており，自然破壊は人間および社会をも危険にさらす

資料：筆者作成。

　機械論的パラダイムとは，いわゆるデカルト的世界観と呼ばれるもので，分けて考える（分析的思考）思想とも呼ばれる。一方，システム論的パラダイムは，要素同士の関係性や相互作用やそこから構成されるシステムの動きを考える（システム思考）ことを指す。よって，システム論的パラダイムのもとでは，論者によって程度は異なるが，自然と人間および社会は分離せず，相互作用・依存の関係性のあるもの，さらには人間および社会は自然システムの中に組み込まれるものとして扱う。よって，システム論的パラダイムは，環境や社会の持続可能性を追究する際に，欠かすことのできない基盤となる科学的思想である。

　本書では，関係性や構造，つながりを学習者が構築するツールを用いているが，そうしたツールの背景には，このような科学に関する思想があることに留意してもらいたい。

3．システムアプローチで深めたいこと

　システムアプローチでは，具体的な事象や出来事をどのようにとらえたらよいのだろうか。ここでは，システムアプローチでよく用いられる①氷山モデルと，②推論のはしごのモデルを紹介する。この2つのモデルは，具体的な事象や出来事を，システムアプローチを通して追究すべき内容（概念）の階層性を示している。

（1）メンタルモデルとしての氷山モデル
　メンタルモデルとしての氷山モデル（図1）は，具体的な事象や出来事を，パターン・構造・信念やパラダイムという階層を通して深め，事象や出来事に潜む構造や，個々人や社会のもつ意識的無意識的な信念やパラダイムをとらえていくことを示している。
　たとえば，氷山モデルを使い，森林伐採を事例にある地域の事象（出来事）が起きている要因を，システムアプローチを追究する。パターンの段階では，似たような森林伐採が多く起きている場所や経緯の特徴を明らかにする。構造の段階では，森林伐採と木材の輸出入，木材の使われ方，伐採後の土地利用，廃棄などをそれぞれ地域的な特徴も含めた諸事象を集め，関係性の構造化（森林伐採の社会構造の構造化）を行う。それにより，森林伐採が行われる要因として，社会構造に着目することができる。そして，最も重要であるのは，その構造を生み出している信念やパラダイム（大量生産消費や経済発展重視，自由競争など）に気づかせることである。氷山モデルでは，事象の本質をとらえるには，水面に見える事象だけでなく，その背景にある信念およびパラダイムまでとらえることが重要であると説いている。

図1　メンタルモデルとしての氷山モデル
資料：Goekler（2008）より筆者訳，一部筆者追記。

（2）推論のはしごモデル
　図2は，問題解決を目指すときに基盤とすべき「推論のはしご」モデルである。ここで

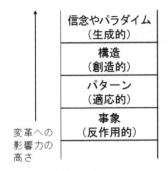

図2　推論のはしごモデル
注：変革は，構造やパターン，事象に強く影響を与えるパラダイム
レベルで始めなければならない。
資料：Goekler（2008）より筆者訳，一部筆者追記。

は，問題解決を目指すことを「変えること（Change）」（図では「変革」とした）としている。図2では，本当の問題解決のためには，個々人や社会のもつ信念やパラダイムを変えることまで意識した取組みが必要であることを示している。たとえば，公共交通の電気バスの写真（バスの外装には電気のプラグの絵と「このバスは排出ゼロ（ゼロエミッション）です」と書かれている）があるとする（事象）。事象として見ると，写真のような電気でバスを走らせ，なおかつそのビジョンを共有するような宣伝を行うこととして見える。さらに，パターンでは，公共交通機関を使って，エネルギー転換を図ることは，さまざまな地域で取組まれ，行政・産業・市民が協力して取組みやすいものという特徴などが挙げられる。構造としては，公共交通機関で，エネルギー転換をすることによって，多くの人々に知らせることができ，利用することができる。また，経済産業界の参入も活発になる。公共交通機関の利用が活発になれば，多様な人々への移動手段の提供にもなり，より環境に配慮でき，街の活性化にもつながる。そうした社会構造の実現は，まさに持続可能な社会や環境配慮，社会的公正の考えなどとつながる。

　以上より，推論のはしごモデルでは，提案した解決策が構造や信念およびパラダイムを変えることへつながっているのかということや，新しい理念を実現するための社会構造や具体的な行動とはどのようなものかを関連づけて考えていくことが，短絡的でない解決策の提案につながることを示している。

　これら2つのモデルでは，システムアプローチによる事象や方策のとらえ方・深め方として，事象や方策の背景にあるパターンや構造，そしてそれを支える個々人や社会のもつ意識的無意識的な信念やパラダイムを見通すことを階層的に示している。つまりこれらは，授業者側が認識しておいてほしいシステムアプローチに関わるメンタルモデルである。特に，本書では，図1や図2で示されたパターンや構造をとらえる方法として，多様なツールを前節と第2章において紹介・実践している。

4．地理教育でこそシステムアプローチを！

　地理教育にシステムアプローチを導入することは，「その地理的事象に関連した地域や社会は，どうであるのか？／これからどうなるのか？／どうなったらよいのか？」を空間的に考えることができる。すでに，地理領域の中学・高校の教科書や資料集などでは，水の循環をはじめ，地球温暖化のメカニズムや人口増加のメカニズム，最貧地域における貧困・飢餓などの負の連鎖システムなどが扱われている。それだけでなく，地域の特色について，関連図に表す試みも行われている。システムアプローチの全てが新しい試みというわけではなく，システムアプローチに関わるエッセンスは，すでにこれまでの地理教育や地理学研究の中に含まれている。そして，それらをパターンや構造，意識・無意識の信念やパラダイムの視点からとらえていくことが重要となる。

　先述の通り，新科目「地理総合」では，持続可能な社会づくりや人間と自然環境との相互依存関係などが中心的なタームとなっている。また，中学校社会科地理的分野においても，地球的課題を取り上げることが重視されている。現代的な諸課題がその空間・地域・場所に“ある”だけに留まらない，または短絡的な解決策の提案に陥らない“深い”学習を展開するには，システムアプローチは大いに活用できるツールである。それにより，地理教育では，現代的な諸課題を生み出す構造を位置や空間・地域を通して考察し，その構造を根本的に変革していくことへの能力を育てることができると考える。

［引用文献］

枝廣淳子・内藤　耕（2007）『入門！システム思考』講談社現代新書.

カプラ，F. 著，吉福伸逸・田中三彦・上野圭一・菅　靖彦訳（1995）『新ターニングポイント』工作舎.

パイク，G.・セルビー，D. 著，中川喜代子監修，阿久沢麻里子訳（1997）『地球市民を育む学習』明石書店.

文部科学省（2018）『中学校学習指導要領（平成 29 年告示）解説　社会編』東洋館出版社.

文部科学省（2019）『高等学校学習指導要領（平成 30 年告示）解説　地理歴史編』東洋館出版社.

Goekler, J. (2008). Teaching for the Future: Systems Thinking and Sustainability. Tim, G. and Gail, L. eds., *Teaching Green: The High School Years*. New Society Publishers, pp.2-9.

各実践のテーマと学習指導要領地理・大項目とのマトリクス

節タイトル	実践タイトル	中学校学習指導要領 社会科地理的分野			高等学校学習指導要領 地理総合			地理探究		
		A 世界と日本の地域構成	B 世界の様々な地域	C 日本の様々な地域	A 地図や地理情報システムで捉える現代世界	B 国際理解と国際協力	C 持続可能な地域づくりと私たち	A 現代世界の系統地理的考察	B 現代世界の地誌的考察	C 現代世界におけるこれからの日本の国土像
1. 身近な地域・生活圏の調査	将来の地域のあり方を関係構造図を用いて考える−山形県上山市のクアオルトを事例に−			○			◎			○
	地域調査におけるシステム思考の導入−岡山県津山市の中心市街地活性化に向けて−			○			◎			○
2. 世界の諸地域	中学生にループ図描画でシステムアプローチ−世界地誌「アメリカ合衆国」での実践−		◎			○		○		
	中学校における関係構造図を利用した授業−南米の熱帯雨林について考える−		◎			○		○		
3. 地球的課題	関係構造図を用いて解決策を考える−「アラル海の縮小」を事例として−		○			◎		○		
	チョコレートを切り口にシステム思考を育む授業実践		○			◎		○		
	関係構造図による東南アジア・アフリカの熱帯地域の比較と熱帯雨林の縮小		○			◎		○		
4. 自然環境と防災	地理的な見方や考え方を働かせて台風の被害を軽減する学習指導−システムアプローチの視点を取り入れることを通して−			◎			○			○
	「土砂災害と砂浜後退の関係」を考察する			○	○		◎	○		○
	ミステリー「黒い津波とリアス海岸」による自然環境と防災の授業			○			◎	○		○
5. 持続可能な国土像	システムアプローチによる地理ESD教材のつくり方−「さぬきうどんに迫る危機」を事例として−		○	○	○		◎	○		○
	持続可能な社会に向けた地理授業−「システム思考で日本の将来を考える」−			○			○			◎

注：実践編の各テーマと中学校・高等学校の学習指導要領地理の大項目との関連性を示している。最も関連性が強いとされるものについては◎としている。

① 将来の地域のあり方を関係構造図を用いて 考える―山形県上山市のクアオルトを事例に―

金田　啓珠

☞ **使用する思考ツール：関係構造図**

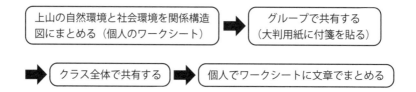

上山の自然環境と社会環境を関係構造図にまとめる（個人のワークシート）　➡　グループで共有する（大判用紙に付箋を貼る）

➡　クラス全体で共有する　➡　個人でワークシートに文章でまとめる

SYSTEMS APPROACH SYSTEMS APPROACH SYSTEMS APPROACH SYSTEMS APPROACH SYSTEMS APPROACH SYSTEMS APPROACH SYSTEMS APPROACH SYSTEMS APPROACH

1．システムアプローチと出会う

　2016年8月の日本地理教育学会で，システムアプローチの理論と関係構造図という思考ツールを用いた実践報告に出会った。この時筆者は，山形大学教職大学院へ長期研修中（2016年度より2年間）であった。高校地理教員として日々の授業実践に行き詰まりを感じていたからである。進学校勤務の中で，日々進度に追われて教科書の太字を中心に授業を展開しながら，生徒も筆者も好奇心や探究心をもって授業に臨んでいるのかという不安と疑問が，日々大きくなってきていた。そして何よりも，筆者自身のマンネリ化した授業実践が一番の悩みであった。何か打開策がないものかと筆者なりに模索していた時に出会ったのが，システムアプローチであった。

　さっそく筆者は，2016年秋の教職大学院の高等学校における授業専門実習で，関係構造図を用いた授業実践に取組んだ。実践を通して，生徒が地理的事象を段階的に理解できることがわかった。たとえば，複数の資料から読み取った地理的事象に関する事項を，関係構造図の9つの枠に整理しながら入れていき，それを矢印で関連づけていく。そのことにより生徒たちは，ある地理的事象に潜んでいる課題や今後の解決策，さらにはその土地に住む人びとの思いなど，それまで見えていなかった事象が見えてきたようであった。

　さらに，関係構造図という思考ツールを用いることにより，構造的かつ視覚的にとらえながら単元を整理していくという学びに，教師の知識伝達だけに終わらない，生徒主体の学びが実現できるのではないかという予感があった。しかもある地理的事象について，生

徒が関係構造図の9個の枠組を用いて分類していくことによって，生徒も教師と同じように構造的に整理でき，自立的な学びを促すうえで有効であった。同時に，生徒が関係構造図の9個の枠組を使って地理的事象を整理することは，地理学的な枠組の中での位置づけを確認できる有効な手立てとなった。

2．授業の概要：テーマ「上山市の将来を考える」

　授業は2016年10月，教職大学院での実習先である山形県上山市（かみのやま）（図1）にある高等学校の2年理系クラスで行った。上山市を活性化するために将来像を描きながら，どのような取組みがあるかについて自分なりに考えていくということが授業の大きなテーマであった。授業は地理A「生活圏の諸課題の地理的考察」の単元で，全5時間構成（表1），毎時間4人グループの形態で行った。

　1時間目は，上山市の自然環境を学ぶために，2万5千分の1地形図を用いて温泉地域の分布するエリアや郊外ニュータウンの位置を中心に地形との関係でとらえた。2時間目は，上山市の社会環境を学ぶために，4種類の資料（市の昼間人口と年齢別人口構成，県内宿泊先別観光客数の推移，上山市の代表的な食文化，上山市の友好都市であるドイツのドナウエッシンゲンと上山出身の歌人・斎藤茂吉）[1] をもとにしながら上山市の特徴をとらえた。

　3時間目は，生徒たちが通学する上山市が抱える課題について，関係構造図を用いて地理学的に構造化・視覚化することを通して明らかにした。1人1枚のワークシートにグループで適宜確認し合いながら，自然環境と社会環境を整理して記入していくのである。

　これをもとに4時間目では，答えのない課題を用意して，知識構成型ジグソー法[2] を用いながら考えさせた。具体的な課題「上山市の温泉保養都市のモデルとするのは，4都市（イギリスのパース，ドイツのバードクロツィンゲン，富山県の宇奈月温泉，山形県の天童温泉）のどこがいいか」について，4つの視点（首都や大都市からの時間距離，まちの独自性としてのオリジナリティ，景観，環境への配慮）から比較検討を行うというものである。

図1　上山市の位置
資料：筆者作成。

表1　授業計画（5時間構成）

	単　元　名
1h	上山の自然環境について学ぶ
2h	上山の社会環境について学ぶ
3h	関係構造図を使ってまとめる
4h	上山が視察に行く都市はどこがいいか（ジグソー法）
5h	上山の将来を4つの立場から考える（ジグソー法）

資料：筆者作成。

　さらに 5 時間目では，上山市の将来を考えるために，4 つの異なる立場（行政，民間，研究者，住民）で，4 つの視点（オリジナリティ，実行力，コスト，地理的特性）から知識構成型ジグソー法を用いて比較検討した。この時間は授業の総まとめとして，そのねらいであった，上山市を活性化するために，将来像を描きながらどのような取組みがあるかを自分なりにじっくり考える時間とした。生徒に配布した 4 つの異なる立場の資料は，行政（市のクアオルト担当者），民間（旅館社長），研究者（地形学を専門とする地理学者），住民（街歩きガイドボランティア）に，筆者が聞き取り調査をして作成した。少しでも現場に携わっている方の生の声を資料に反映したかったからである。

　4 時間目と 5 時間目で，グループでの学びの一つの型である知識構成型ジグソー法を取り入れたのは，グループでの役割が固定されず，全員が話す役と聞き役を経験できるからだ。そこには，いつも聞き役になる生徒が話す側に回り，いつも話す役になる生徒が聞き役に回るという両方の経験を通して，自分の新たな可能性に触れて欲しいという筆者の願いがあった。なお，4 時間目と 5 時間目の授業は，2022 年度から必履修となる地理総合における高等学校学習指導要領の大項目 C「持続可能な地域づくりと私たち」に関連しており，同科目で十分活用可能な題材である。

3．関係構造図作成の取組み

　1 時間目と 2 時間目の資料と授業で得た知識を踏まえて，グループの形態で学んでいることで，生徒たちは互いに確認し合いながらスムーズに関係構造図の作成に取組んでいた（図 2）。関係構造図を用いることで，地理的事象の枠組で地域をとらえ，自然環境と人間環境との関連性を見出し，さらに地域の抱える課題（少子高齢化，火山災害の恐れ，洪水被害の多発など）を明らかにするだけでなく，地域のもつ財産（観光業の発展による交流人口の拡大など）を再発見し，将来を考えるヒントとなった。

　しかし，9 つある枠の中で生徒が思い浮かばずに苦労していたものは「心理」であった。この項目については，何人かの生徒が戸惑っていたので，各自取組んでいる作業をいったんストップして，全体で確認し合うことにした。この際，筆者がすぐに答えを言うのではなく，たとえば 1 時間目に用いた地形図をもとに「上山市の地形の特徴は何だったかな。地形図の中にヒントはないかな」と生徒に問いかけて，生徒が気づくように促した。その後，「蔵王山など山に囲まれている→登山客や観光客が多い→古くからの山岳信仰の伝統がある→人々のいやしとなる山が身近に存在している」という考えが何人かの生徒から出てきたので，クラス

図 2　グループでの学びの様子
資料：筆者撮影（2016 年 11 月 10 日）。

全体で共有した。

　心理の項目については，地理の授業の中で深く取り扱うのはなかなか難しいと感じている。しかし，心理の項目を考えることによって，過去・現在・未来の時間軸の中で，地域に関わる人びとに思いを馳せることが可能である。今回の実践では踏み込めなかったが，単元の内容によっては取り入れることも必要だろう。

４．生徒の反応，作業の成果

　関係構造図を用いた授業中および授業後に，大きな学びの変化が見られた２人の生徒について紹介したい。なお，生徒の名前はすべて仮名である。

　サトシ君は，関係構造図を作成する授業の前２時間の授業では，地理に関心が高いのかワークシートの記入は多いものの，グループでの学びではほとんど発言が見られず，授業中はほぼうつむいたままであった。しかし，３時間目の関係構造図作成の時間は，最初の段階から黙々と作業に取組んでいる様子が見られた。

　さらに，その後グループで自分の関係構造図を説明する時間に入ると，「山岳信仰っていうのはね，蔵王だけではなく西側の葉山でも見られたから，お参りに来た人が温泉に入るために訪れて，それで市の西部に葉山温泉が発達したんだよ」と自分の知っていることを積極的にグループに話していた。そればかりでなく，グループの話が停滞すると，「次に話すのは誰だったかな」とグループの学びをリードする姿も見られた。もともと地理に興味関心の高かったサトシ君だが，さらに関係構造図を用いたことにより，頭の中が整理されて探究心も生まれ，自信をもって学びに向かっていた。

　タクト君は，授業１時間目からグループの中で積極的に発言し，意欲的に学びに向かっていた。しかし彼の発言に耳を傾けてみると，資料に示された数字データを見て「すごいな」という感想は張り切って口にするものの，「どうして上山市は同じ県内にある天童温泉と比較すると，県外の宿泊者数が多いのかな」というように，さらに掘り下げて考えるということには迫れていなかった。

　ところが３時間目になると「上山って，自然をうまく活かしていく街づくりができそうだな」という発言が見られるようになった。これは１時間目の授業で得た上山市の自然環境の情報と２時間目の授業で得た社会環境の情報を図にしたことで，タクト君の頭の中が整理されたことを示しているのではないだろうか。関係構造図を作成したことでタクト君は，上山市の特徴を地理的な視点から概観できるようになるとともに，街のもつ価値にも気づくことができたのである。

５．授業実践の課題

　今回授業を行ったことで，次の点が課題として明らかになった。それは，上山市が市民の健康増進と観光化を目的として取組んでいる「クアオルト」に焦点化した関係構造図

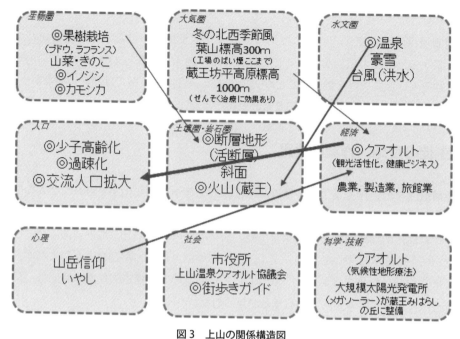

図3　上山の関係構造図

注：◎は生徒から出てきたもの，他は授業者がヒントを与えたもの。

資料：筆者作成。

を作成すれば，生徒たちはもっと掘り下げて考えることができたのではないかということである。クアオルトとは，ドイツ語で健康保養地・療養地を意味する。ドイツで行われている気候性地形療法をモデルにしており，専門のガイドとともに地形に沿って山歩きをし，脈や血圧を測定しながら歩いた後，温泉に入るというものである。

　図3に示した関係構造図を見ると，矢印がクアオルトに向かうものとクアオルトから出ているものとがあり，自然圏と人間圏の両分野をつなげている。また，クアオルトが「経済」の項目と「科学・技術」の項目に入っている。このことから，クアオルトは上山をとらえる上で中心的な事項となっていることがわかる。したがってクアオルトを扱うことは，生徒にとって自分の通う高校のある地域・生活圏の特殊性をとらえる意味で意義がある。

　さらに，上山の山に囲まれた地形を中心とした自然環境と，観光を中心とした街の産業や健康・福祉といった人間環境をつなぐ重要なファクターとして地理で取り上げることにより，クアオルトの価値が再認識できる。筆者も何回かクアオルトに参加したことがあるが，人的交流を活性化させるうえで大変有効な取組みだと感じている。世代の差や住んでいる地域の違い，職業の違いを超えて一緒に山歩きをすることで，参加者間に自然なコミュニケーションが生まれてくるのだ。このように関係構造図を用いることにより，地域の地理的事象を構造的にとらえるだけでなく，自然環境と人間環境のつながりを考え，地域に存在する地理的事象の価値を再認識することができることの意義は大きい。

6．読者へのメッセージ

　最後に，筆者が参考にした本を紹介する。筆者は，高校地理の授業でグループの形態を導入するにあたり，イギリスの地理学者であるパルメーラ・シャーマー・スミス（Shurmer-Smith，2002，pp.127-129）の著書 *"Doing Cultural Geography"*（『文化地理学をすること』）を手がかりにした[(3)]。その中では，地理の学びにおけるコミュニケーションを中心とした学びと複数の資料を用いて解釈することの重要性について指摘されている（Shurmer-Smith，2002，p.127-129）。筆者がシステムアプローチを授業で実践するにあたってスミスの理論を手がかりにしたのは，「地理の学び」におけるグループでの学びの有用性を探りたかったからである。

　スミスが提唱するように，自分が思ったことを率直に交流できる場の設定と複数の資料を読むことを授業に取り入れてみることによって，システムアプローチの目指す，相互につながった要素や問題を全体的にとらえ，解決策を見出そうとする能力が生徒一人ひとり引き出されると同時に，生徒一人ひとりの理解も深まるのではないかと考えている。

［注］
(1) 4種類の資料のリソースは次の通りである：山形県統計協会(2016)『山形県勢要覧　平成28年版』，上山市庶務課編集（2016）『平成27年　数字で見るかみのやま』，上山市観光課ほか『かみのやま温泉　観光ガイドブック』，および上山・ドナウエッシンゲン日独友好協会（2015）によるDVD「上山市とドナウエッシンゲン市日独友好交流20年の歩み」。
(2) 知識構成型ジグソー法とは，学習科学の理論に基づいて仲間と協同的に学びながら，一人ひとりの学習の質を高めていく手法（型）の一つである。東京大学の大学発教育支援コンソーシアム推進機構（通称CoREF：コレフ）で研究が進められている。
(3) 『文化地理学をすること』の書評として，国内では竹内（2004）がある。

［引用文献および教材開発のための参考文献］
小関信行・シュー，A. 著，堀込ゲッテ由子訳（2012）『クアオルト入門　気候療法・気候性地形療法入門－ドイツから学ぶ温泉地再生のまちづくり－』書肆犀.
竹内啓一（2004）書評　パルメーラ・シャーマー・スミス編（2002）『文化地理学をすること』. 駒澤地理 40，pp.149-151.
Shurmer-Smith, P. ed. (2002) *Doing Cultural Geography*. SAGE Publications.

② 地域調査におけるシステム思考の導入
―岡山県津山市の中心市街地活性化に向けて―

小河 泰貴

☞ **使用する思考ツール：開発コンパス**

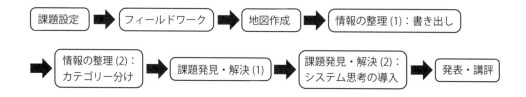

SYSTEMS APPROACH SYSTEMS APPROACH SYSTEMS APPROACH SYSTEMS APPROACH SYSTEMS APPROACH SYSTEMS APPROACH SYSTEMS APPROACH SYSTEMS APPROACH

1．授業実践の意義

　2022 年度から高等学校の 2018 年版学習指導要領が実施され，「地理総合」が必修化される。その大項目 C「持続可能な地域づくりと私たち」の中項目（2）「生活圏の調査と地域の展望」は，地域調査に関する分野である。新学習指導要領（文部科学省，2019）によると，学習の例として「生活圏の防災」が取り上げられており，ハザードマップの読図やさまざまな資料を使った仮説の検証といった，学習の展開例が示されている。しかし，その具体的な手法に関しては言及されていない。

　また，「地理総合」において期待されていることの一つが，ESD である。地理教育が ESD の実践に適している点は，阪上（2013）が指摘するように，自然科学から人文・社会科学までを含めた学際的性格をもつ地理学が基盤にあるからであり，学際的性格を有する地理学の持つ多面的な視点から分析，研究する技能は ESD に貢献できる点の１つである。「地理総合」において，課題発見・解決的な授業の実践を行っていくことは ESD を具体化したものと捉えることができる（由井，2018, p.2）。しかし，地理教育の ESD への寄与は十分認識されているにも関わらず，地域調査の実施について ESD の観点からの課題発見・解決策への提案に関する研究実績はまだ十分ではない。

　これら具体的な手法や ESD の学習方法として期待されるのがシステムアプローチである。地域調査を行うにあたり，システム思考でもって地域的諸課題をみることは，生徒が持続可能な社会づくりのための改善・解決策を探究することにつながることが期待される。山

本（2019, p.112）は，「長期的な視野の下，地域のアクターの多次元的な参画を踏まえた解決戦略が有効性を持つことを考えさせる」と述べている。わが国の地理学分野において地域調査に関する研究蓄積は豊富にあるが，そこにシステムアプローチを導入したという点が本実践の特徴である。

2．授業実践のねらいと単元構成

図1に示すように，システム思考を導入しない場合，短絡的かつ特定の地域にみられる各アクターの関連性を考慮しない，ものの見方や考え方で思考が止まる可能性がある。一方，システム思考を導入した場合，自らが挙げた解決策が地域へどのような影響を及ぼすのかまで思考を進めることが可能となる。今回紹介する授業実践は，課題発見・解決型の地域調査にシステムアプローチを導入したものであり，生徒の反応も踏まえてその効果について紹介していく。

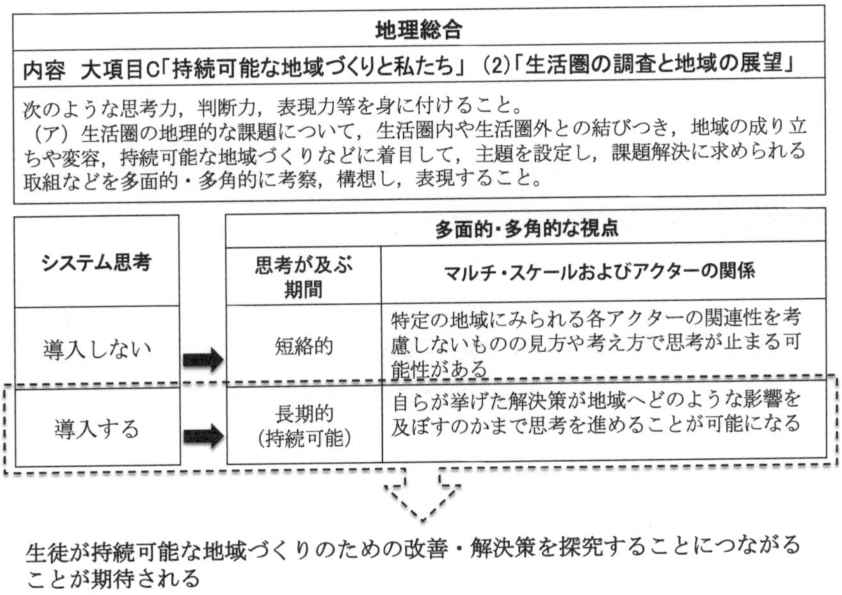

地理総合		
内容　大項目C「持続可能な地域づくりと私たち」（2）「生活圏の調査と地域の展望」		
次のような思考力，判断力，表現力等を身に付けること。 （ア）生活圏の地理的な課題について，生活圏内や生活圏外との結びつき，地域の成り立ちや変容，持続可能な地域づくりなどに着目して，主題を設定し，課題解決に求められる取組などを多面的・多角的に考察，構想し，表現すること。		

システム思考	多面的・多角的な視点	
	思考が及ぶ期間	マルチ・スケールおよびアクターの関係
導入しない	短絡的	特定の地域にみられる各アクターの関連性を考慮しないものの見方や考え方で思考が止まる可能性がある
導入する	長期的（持続可能）	自らが挙げた解決策が地域へどのような影響を及ぼすのかまで思考を進めることが可能になる

生徒が持続可能な地域づくりのための改善・解決策を探究することにつながることが期待される

図1　システム思考の導入の有無による学習成果の違い
資料：筆者作成。

3．授業実践の詳細

本実践は，2018年9月に岡山県立津山高等学校2年生の地理B選択者のなかで，希望者を対象に行った。土曜日の午前を活用し，合計8名が参加した[1]。なお，事前に津山市商工会議所や商店街，そして地域住民からは津山高校生が地域調査を行うことへの了解と，筆者の事前調査についての協力を得ていた。

（1）課題の設定

①目標の提示

　生徒には 2 つの目標を提示した。一つ目は，対象地域を実際に歩き，自分で対象地域の地図を作成すること。二つ目は，フィールドワークの内容を踏まえ，商店街における課題を発見し，その解決策を提案することである。その際,「中心市街地の活性化」を全員のキーワードとした。

②対象地域の概観

　対象地域については，複数のスケールで説明を加えることが望ましい。まずは津山市の成立の歴史的な側面について講義を行った。津山城下町の成り立ちについては，享保 8 年（1723 年）頃の古地図の町割り図をプロジェクターに提示し，津山城の周辺に武家屋敷や寺院，町人町が配置をされていることから，封建的な身分制度が空間的に表現されていることを説明した。

　次に，津山市への観光客数について，近年の観光客数の推移やその背景について紹介をした。その後,対象地域である商店街の成り立ちや現状について説明を行った。具体的には，郊外の大型店やロードサイド型店舗の出店，さらに車社会の進展が郊外へ住環境を求める人々の居住地の変化をもたらしたことにより，中心市街地の空き店舗が増加するなどの課題がみられることである。また，津山市再開発事業について，既に完了しているものから現在進行している事柄についても紹介を行った[2]。生徒たちは，津山市や対象地域について人文地理的な視点からの理解を深めていた。

③ブリーフィング

　対象地域でフィールドワークを行う前に，ブリーフィング[3]と呼ばれる事前指導にて，筆者より地域観察や地図作成の方法についてレクチャーを行った。商店街が対象であるため，建物の用途を観察することになる。建物の用途を 4 〜 5 種類に大分類を行い，さらにその分類をメッシュやドットを用いるなどして小分類化していく。点として存在する自動販売機や看板などは記号化してプロットしていく。この方法は，国際地理オリンピックの強化研修会などで用いられる手法を参考にしている（国際地理オリンピック日本委員会実行委員会，2018，pp.135-137; 小河，2019，p.119）。

（2）フィールドワーク

　津山高校から徒歩で約 10 分の場所が対象となる商店街である（図 2）。現地に着くと，作図範囲と集合場所の確認を行った上でフィールドワークを開始した。生徒には対象地域の白地図を，1 枚はメモ用，もう 1 枚は清書用として配付した[4]。

　教室に戻ってから，もう 1 枚の白地図に清書を行った。どの色を使えばより効果的な地図を作成できるか，生徒たちはそれぞれが試行錯誤を行った。作成後は，生徒どうし地図を見せ合い，他の生徒が作成した地図について評価する発表を行った。

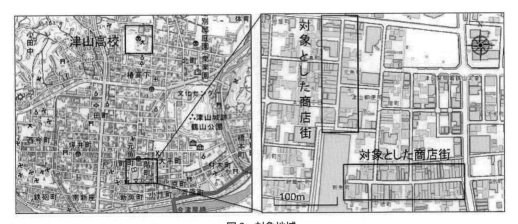

図2　対象地域
資料：地理院地図をもとに筆者作成。

（3）整理

　ここまでは個人の活動であったが，受講生徒8人を4人ずつの2グループに分け，情報の整理を行った。KJ法を参考にし，まずはグループ別にフィールドワークで得た知見を付箋へ書き込み作業を行った。その際，生徒にはできるだけ多くの情報を挙げるように指示をした。情報の書き出しに不慣れな生徒が多かったことと，多くの情報を挙げることの有用性を十分に伝えられていなかったので，こちらの予想よりも少ない情報量であった。次に，それらの情報を自分たちで設定したカテゴリー別に分類を行った。生徒は情報を分類していき，各カテゴリーにタイトルをつけて模造紙に書き込んだ。生徒が作成したものを書き

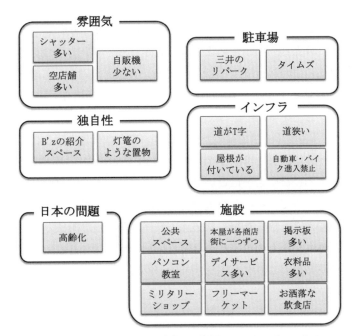

図3　フィールドワークで獲得した情報とそのカテゴリー分け
資料：生徒の作成物をもとに筆者が再作成。

直したものが図 3 である。このグループは, 書き出した情報を,「日本の問題」,「駐車場」,「雰囲気」,「インフラ」,「独自性」の 6 つにカテゴリー分けしている。

　商店街でみられた施設が情報の数としては最も多い。客観的な情報の他に,「道狭い」,「空き店舗多い」など, ネガティブな情報もみられる。また, 商店街にみられる事象を, 日本全体の問題として一般化して捉えた「高齢化」も挙げている。さらに, 他との商店街との比較として「独自性」というカテゴリーも設けている。カテゴリー分けのあと, グループ間で共有を行った。

（4）システム思考の導入

　フィールドワークで作成した地図および, カテゴリー分けした情報を基にして, 商店街にみられる課題は何か, それを解決するにはどのようにすれば良いかの議論を行った。今回の授業の導入部分で,「中心市街地の活性化」をキーワードとして挙げている。加えて, 課題発見・解決策提案について, 次の 2 つに条件を設定した。一つ目は, 今回のフィールドワークでわかったことに特化することである。作成した地図, 現地を歩いて得た知見, カテゴリー分けを行った情報を基にして課題を発見することで, 議論が拡大し過ぎるのを防ぐ目的である。二つ目は, 発見した課題についての解決策について, 独創性と実現可能性を重視することである。その際の視点として, 開発コンパスについても紹介を行った[5]。

　画用紙を 2 枚用意し, 生徒たちは「①：商店街にみられる課題」および「②：解決策」について書き込みを行った。1 つのグループは, 課題として「路上駐車が多い」,「空き店舗が汚いまま放置してあり目立つ, 見栄えが良くない」,「若い人（学生）が寄るようなスペースがない」を挙げた。そして, それに対する解決策として,「お店が開く 10 時以降は路上駐車および商店街の車両進入禁止にする」,「きれいにするか休息スペースのようにして, 再利用する」,「喫茶店・カフェのような若者が寄りやすい店をつくる」を挙げた。また, 別のグループは,「雰囲気が暗い」といった負の連鎖を課題として挙げ, それへの解決策として,「雰囲気を明るくするために, 掃除」,「空き店舗の活用」,「歩行者天国に」,「テーブルと椅子を設置する」を挙げた。

　次の活動として,「各グループで挙げた解決策が, 新たな課題を生むのではないか」と生徒に投げかけた。生徒は課題に対する解決策を挙げて活動が終了したと思っていたようで, 学習および思考がさらに続くことに驚いている印象であった。解決策が地域社会に及ぼす課題について考察した上で, その解決策の実現可能性についても考慮して議論をした。それまでの活発な議論から, 質を重視した議論に転換したような印象であった。それぞれのグループが実際に作成したものを筆者が再構成したのが図 4 である。2 つのグループが順に, 課題発見・解決の議論に関する発表を行い, グループ間の共有を行った（図 5）。その後, 筆者より講評を行った。

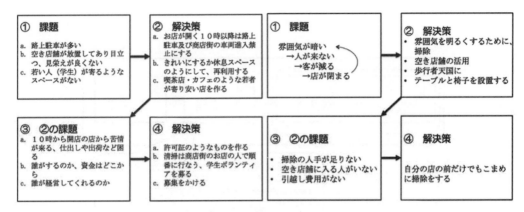

図4　生徒による課題発見の解決策の提案プロセス（2グループ）
資料：生徒の作成物をもとに筆者が再作成。

図5　発表の様子
資料：筆者撮影（2018年9月15日）。

4．振り返り

　授業後に生徒対象にアンケートを実施し，今回の授業について感想・要望を自由記述の形式で記入をしてもらった。その一部を抜粋する。

・普段は課題を見つけ，解決策を提案するのは1回のみだが，今回は複数回することにより，解決策による課題を見つけることができた。
・4人の班というのは考えをまとめるのにはちょうど良かったと思う。①・②は簡単でも，③，特に④の行程は難しかった。

　一つ目の感想から，生徒たちは課題解決に関する提案型の学習を他の授業で経験しているが，その解決策による影響までは考慮されてこなかったことを読み取ることができる。課題発見・解決の活動が，短絡的なものの見方ではなく，ESDの観点から行われるためには，

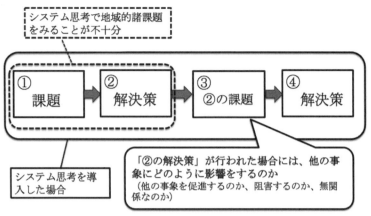

図6　システム思考で地域的諸課題をみることの効果
資料：筆者作成。

本稿で扱ったようなシステム思考が効果的であることは，生徒対象のアンケートでも見受けられた。

　システム思考で地域的諸課題をみることの効果を示したものが図6である。図6で示すように，システム思考を導入した場合，他の事象にどのように影響するのかまで考慮した思考が可能となる。

　本実践の課題として，3つのことを挙げておきたい。一つ目は，社会経済的なシステムにのみ着目した考察になっていることである。山本・泉（2019, p.105）は，関係構造図について「自然システムと社会経済システムを包括したもので，諸課題を『自然と人間の関係性』という観点から可視化するための格好のツールとして位置づけられている」としている。今回の実践は，社会経済システムに着目した地域調査となっており，自然システムと社会経済システムとの関係性について踏み込めていない。

　二つ目は構造図の発展性である。今回は時間の制約から，付箋に挙げた情報をカテゴリー分けするに留めた。しかし，そのカテゴリーが自然システムと社会経済システムのどこに位置づけられるのかを明確にすること，情報同士を矢印でつなぎ，さらにその両者の関係を示す語句を図に書き込む作業をすることにより，より発展性を見込むことができる。

　三つ目は，地域が限定されていたことである。時間の制約から今回は踏み込めなかったが，本来はマルチ・スケールで考察することが必要である。今回の地域調査の場合，対象地域の商店街にのみ焦点を当てて生徒は考察を行ったが，津山市の中心市街地や津山市全域，さらには周辺自治体との関連から考察を行うことができれば，空間的相互依存作用についても理解を深めることができるだろう。

5．読者へのメッセージ

　今回，地域調査におけるシステム思考の導入の意義と方法として，津山市の商店街における地域調査の実践例を基に紹介した。課題発見・解決型の授業を展開する時に，その解

決策が実際に新しい問題につながる可能性がある。すなわち，その「解決策」は，他の予期せぬ問題につながる可能性がある。本実践で明らかになったように，システムアプローチの手法は生徒の思考を促す面において効果的である。「地理総合」の特性として，新学習指導要領では，「持続可能な社会づくりに必須となる地球規模の諸課題や地域課題を解決する力を育む科目」と明記されている。その具体的な手法の一つとしてのシステムアプローチを，地理の授業でとり入れ，さらには教科を超えて勤務校の教員へと広げていってもらいたい。

[注]
(1) 津山高校には，「土曜講座」という取組がある。土曜の午前に講座を開き，希望する生徒が受講する。講座の内容については，教科の基礎的内容や演習はもちろん，外部講師などを招聘し，生徒の視野や興味関心を広げる教科等横断的な内容もある。
(2) 詳細については，津山市が 2013 年に発行した「中心市街地活性化基本計画」を参照のこと。
(3) ブリーフィングとは，フィールドワークの前に，対象地域に関する地理的・歴史的事象に関する簡単な報告のことである。国際地理オリンピック世界大会においても，フィールドワークの対象地域への基礎的な情報の把握のために，ブリーフィングを行っている。筆者は，2017 年の第 14 回国際地理オリンピック・ベオグラード大会と 2018 年の第 15 回国際地理オリンピック・ケベック大会にチームリーダーとして参加をしたので，世界大会を通して学んだ手法を本実践でも活用している。
(4) 詳細については，小河（2019）を参照のこと。
(5) 詳細については，泉（2018）を参照のこと。

[引用文献および教材開発のための参考文献]
泉　貴久（2018）開発コンパスを活用したシステム思考を育む地理授業—「チョコレートから世界が見える」の実践プランの提案—．地理 63（6），pp.100-105.
小河泰貴（2019）商店街の地図の作成—地域調査の手法として—．地理 64（1），pp.116-121.
国際地理オリンピック日本委員会実行委員会編 (2018)『地理オリンピックへの招待—公式ガイドブック・問題集—』古今書院.
阪上弘彬（2013）国際地理学連合・地理教育委員会による ESD の展開とドイツにおける取り組み．E-journal GEO 8（2），pp.242-254.
津山市（2013）『中心市街地活性化基本計画』.
文部科学省（2019）『高等学校学習指導要領（平成 30 年告示）解説　地理歴史編』東洋館出版社.
山本隆太（2019）ソマリアの海賊問題で「昨日の解決策が今日の問題を生む」を考える．地理 64（1），pp.108-113.
山本隆太・泉　貴久（2019）地理教育におけるシステムアプローチの現在地．地理 64（3），pp.102-107.
由井義通（2018）「地理総合」と「地理探究」で育成する資質・能力．帝国書院，地図・地理資料，2018 年度特別号，pp.2-5.

2-2　世界の諸地域

① 中学生にループ図描画でシステムアプローチ
―世界地誌「アメリカ合衆国」での実践―

長谷川　正利

☞ **使用する思考ツール：時系列パターングラフ，ループ図**

```
時系列パターングラフの作成 ➡ 因果関係を考える ➡ ループ図を描く
➡ 肥満を減らす方法を考える ➡ グループ毎に発表する ➡ 振り返りを書く
```

SYSTEMS APPROACH SYSTEMS APPROACH SYSTEMS APPROACH SYSTEMS APPROACH SYSTEMS APPROACH SYSTEMS APPROACH SYSTEMS APPROACH SYSTEMS APPROACH

１．授業実践の意義

　「中学生にループ図を教えている人はいますよ。」学校教育関係者の参加が筆者一人だった研修会で講師の小田理一郎氏がこう声をかけてくれた[1]。ループ図とは，相互に複雑につながりあったシステムを，一つの要素から他の要素へと矢印を使ってつなげて表した図であり（枝廣，2018），それが図1である。

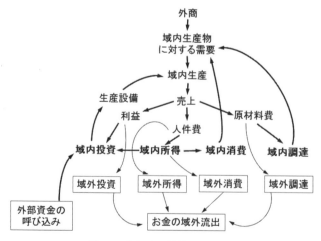

図1　これからの地域経済振興策
資料：枝廣（2018, p.30）の図をもとに筆者が一部改変。

　筆者はセンゲの著作（センゲ，2011；センゲほか，2014）を通じて「システム思考」と「ループ図」を知った。この循環する図を見たときに，かつて日本の公害教育の中で理科の教師たちが「生産と消費だけではなく還元を教えなくては」と思い至った話[2]が想起され（中内，1990，pp.216-217），これを使って授業をしたいと思った。

　「システム思考」はループ図を書いて複雑な社会現象の成り立ちを構造的に把握するに止まらず，「レバレッジ・ポイント」と呼ぶ「問題構造のつぼ」を見つけ出し，議論を通じて解決策まで考えるツールである（メドウズ，2015，p.314）。これを授業に生かせば持続可能な社会を考える ESD の授業を創ることができる（本書の「今野実践」p.94 参照）。また，勤務校が「アクティブラーニングのフロントランナーたれ」とスローガンを掲げて進めるアクティブラーニング型授業（AL 型授業）で扱う「活用問題（II）」にも適している[3]。そう考えていた時に，地理教育システムアプローチ研究会（以下，地理 SA）で学ぶ機会を得たのであった。

　ところで，地理 SA で報告されてきた「関係構造図」を描く実践のほとんどは高校生のものであった[4]。当時授業を担当していた中学生の認識力でそれを書くのは難しく感じた。そこで研修会で描き方を学んだループ図を描くところから始めてシステムアプローチの実践を試みることにした。

2．授業実践「肥満大国アメリカ合衆国の理由を考える」

（1）「ループ図」の描き方
　冒頭で述べた研修会では，ループ図の描き方を次の2段階で学んだ。

　最初に「時系列変化パターングラフ」を描く。自分自身が関わる身近な話題を選び，その課題に関わる変数1〜3個についてグラフを描く。グラフには，①縦軸に変数の名称，②横軸に時間軸，③推定される今までの動き，④考え得る未来のシナリオの4つの要素を盛り込む。その上で課題についてのループ図を描く。

　ループ図は，①変数を書き出す（付箋で書き出すなどする），②何が何に影響を与えているかを考える，③その結びつきを矢印で示す，④その結びつきが「同」か「逆」かを見極める（矢印の元の変数の増減が矢印の先の変数の増減と同じ方向に影響を与える場合は「同」と示す。逆の方向に影響を与える場合は「逆」と示す），⑤ループに沿って動きをたどり，ループの型（変数の動きがめぐりめぐって同じ方向に強化される力が働く「自己強化型」か，変数の動きがめぐりめぐって最初の変数の動きと逆方向の力が働く「バランス型」か）を確かめる，⑥ループに名前をつける，⑦ループを描き足していく，という順番で描いていくというものであった。

　さらにループ図を描く上でのポイントは，①単なる相関関係ではなく因果関係を見つける，②因果関係がはっきりしない場合は，変数を追加して2つに分けて書いてみる，③変数の表現は，名前は名詞表現でつける，かつ増減が望ましいか否かはっきりわかる表現で表す。そうすれば，変数間の結びつきの「同」「逆」の判断をつけやすくなると説明された。

例示されたループ図には，「きれいな環ばかりではありません」，「すべての変数がループ上にあるとは限りません」，「必ずループが閉じるとは限りません」，「むしろ一方通行のために問題が起こり続けることもある」と，その描画は一筋縄ではいかないことが示されていた[5]。

　「システム思考のツールの習得は，課題の規模や難易度にもよりますが，基本・中級ツールは数週間から数ヶ月，上級ツールは数年のトレーニングを要します。」とチェンジ・エージェントで述べられているように[6]，一度の講習でループ図がスイスイ描けるようになるわけではなく，習熟には時間がかかる。大人でさえ時間がかかるものを中学生が授業で描くのは容易ではない。しかし，変数の変化をつかみ，その因果を矢印で結んでいくことは，中学生までの学習経験を考えれば不可能ではない。難しいのは変数を選ぶことと，「同」「逆」の判断をすることではないかと考え，授業では，次のように描かせてみることにした。

　初めに「同」の因果となる変数を教師が示す。次に，その変数を時系列変化パターングラフと呼ばれるグラフに描くように指示して変数の変化をつかみ（第1段階），次にその因果関係を考察しながら矢印でつなげ（第2段階），それをループにする（第3段階）という段階を踏んだ。その上で，そのループに変化を与えるにはどうしたらよいかを考えさせた（第4段階）。

　前述したように勤務校が2015年からＡＬ型授業を核とする授業改革を始めており，生徒はグループワークには慣れている。また，筆者は，授業の前半で教科書の内容を学び，後半では「ジャンプの課題」と呼ぶ課題に取り組む「学びの共同体」の形を取っている（佐藤，2012，pp.25-37）。よって，ループ図描画は，4人1組で取り組む「ジャンプの課題」として扱うことにした[7]。

（2）授業の構想

　この授業は，中2のアメリカ合衆国の農牧業の2時間目に「アメリカ合衆国で肥満率が高い原因を考えよう」というテーマで行った。授業クラスの生徒は理数コース・普通コースとあるうちの普通コースの女子中学生24名であった。

　高柳（2007）の「肥満大国のアメリカ」を知ってから，アグリビジネスの振る舞いが肥満大国アメリカという地域性を作り出していることを考える授業を続けてきている。肥満という意外なテーマに生徒は引きつけられる。かつ肥満という当事者性のある事象をシステムとして捉えることは，肥満という社会問題を変えて健康で持続可能な社会を展望する上で欠かせない社会認識である。高柳は肥満者増加の要因を，食料摂取量の増加，栄養のバランス，運動不足，子どもをターゲットにしたマーケティングの4点に整理しているが，授業では考える始める切り口として，肥満率や食物摂取量の増加などをプリント資料として生徒に示して，ループ図を描かせることにした（表1，表2）[8]。

　これに先立つ第1時の授業は，世界有数の農業国→農牧業地域の分布→なぜこのような分布か→適地適作の合理的な生産→生産性の高い農牧業→世界へ輸出→値段はどうやって決めるか→シカゴの穀物市場→アグリビジネスが流通・生産に関わる，という流れで進めた。

表1　2002年と2013年のアメリカの肥満率（BMI値30以上の人が人口に占める割合）

2002年		2013年
全米平均	30.9%（世界7位）	31.2%（世界2位）
子どもの肥満率	15.0%	
ウェストバージニア州	27.5%	
州都チャールストン	29.4%	
ネイティブアメリカン（男性）	40.1%（2001年）	
ネイティブアメリカン（女性）	37.7%（2001年）	

注：BMI：（Body Mass Index）［体重（kg）］÷［身長（m）の2乗］で算出される値。
肥満や低体重（やせ）の判定に用いる国際的な体格指数。
資料：NHKスペシャル「データマップ63億人の地図」プロジェクト編（2004），ロウ
（2006），WHOやIOTF（国際肥満作戦部隊：本部イギリス）の資料などより筆者作成。

表2　アメリカの食文化の変化

食文化の指標	1977年	1997年
食物供給量	3,300kcal	3,800kcal
平均カロリー摂取量	1,876kcal	2,043kcal
加工食品や飲料の新製品の発売数	6,000種類	16,900種類
主流の清涼飲料のサイズ	355ml	590ml
ファーストフードのセットメニューのカロリー	590kcal	1,550kcal

資料：NHKスペシャル『データマップ63億人の地図』プロジェクト編（2004），ロウ
（2006），WHOやIOTF（国際肥満作戦部隊：本部イギリス）の資料などより筆者作成。

　そして第2時の「肥満大国アメリカ」は，最初から「アメリカで肥満率が高い理由を，以下の資料やこれまでの授業で学んだことなどをもとにループ図を書いて考えなさい」という「ジャンプの課題」をプリントで示してグループワークに取り組んだ。ループ図の説明と書き方は，参加した研修会で使われた資料を生徒用にアレンジして示した。

（3）生徒の活動

　生徒は，矢印をつないでループにするというループ図に戸惑いながらも，プリント資料から時系列変化パターングラフを「まなボード」[9] に書くことから始めた。与えられた数値はいずれも増加している。グラフは右肩上がりになった。そして「たくさん食べれば太る」と経験的にわかっているので，グラフの変数は比較的容易に矢印でつなげられた。作業にグループ差はあるが，その矢印がつながった頃を見計らって，前の時間で勉強したことなど自分たちで考えた要素も加えるとどんなループになるか考えてなさいと指示した。生徒は，言葉を交わし書いては消し書いては消しながら，矢印を引いた。また，早くできたグループには，「どうしたら肥満を減らすことができるか考えてみなさい」と追加の指示を出した。時間は予想以上にかかった。およそ30分かけて各グループが書き上げたホワイトボードを図2に示す。授業の後半は，このホワイトボードを掲げながらグループ毎に説明させた。

図2　生徒が作成した「まなボード」
注：グラフを描き，変数を書き出して，矢印でつなげている。
資料：筆者撮影（2018年2月8日）。

結果的にループにならなかったグループもあったが，そのまま発表させた。グループの発表を聞いてループ図を1枚にまとめて考察したり，肥満対策を議論したりする時間を作りたかったが，そこまでは時間の都合でできなかった。

3．授業実践の振り返り

　毎時間授業後に書く振り返りシートには，次のような感想が書かれていた（下線は筆者による）。

・ファストフード店の売り方がうまいと思いました。ボリュームをあげ値段を安くするということで買う人を増やし，食べている人はどんどん肥満になるということが<u>循環している</u>なと思いました。
・肥満の人を少なくするにはどうするのか，意外とむずかしいと思いました。<u>サークル</u>になっていたりして関係が深いなと思いました。
・あの<u>サークル</u>を変える事はいろいろむずかしいことなんだと思った。何とかして皆の体重が減るようにしたいな。
・アメリカの肥満の<u>サイクル</u>はどう止まるのか，そもそも止まりようがないのか，ちょっとわからない。
・アメリカ人の<u>肥満の負のサイクル</u>は断ち切るのがむずかしいということがわかった。マックはおいしいから，どうしても食べたくなる。
・ファストフードのメーカーも売り上げなくては生き残ることができないので，肥満率を下げていくことはとても大変だと思いました。
・肥満を解消しようとしてもファストフード側にも問題が発生してしまうので，とても大変だなと思いました。

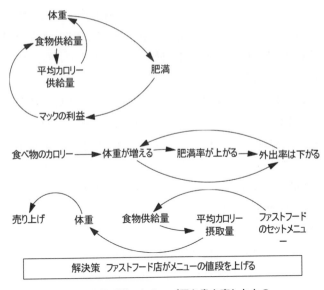

図3　生徒が描いたループ図を書き直したもの
注：ループになっていないものも示す。
資料：生徒作成のループ図を筆者が書き直したもの。

　感想に「循環」「サークル」「サイクル」といった言葉が書かれているように，生徒たち
は食物供給量や摂取量，ファストフードのセットメニューの増量などのプリント資料を結
びつけて肥満とファストフードの関係をループ図で表現し，それを共有することができた。
そして，そのことと肥満率が高いこととを結びつけて考えることができた（図3）。ループ
図を描くことで，提示された資料に基づく肥満のシステムをつかめたといってよいだろう。
　また，次の課題として出した「どうしたら肥満を減らすことが出来るか考えてみなさい」
の問いにも，「ファストフード店がヘルシーなカロリーが少ないメニューに何とか変えて工
夫する」，「ファストフード店がメニューの値段を上げる」などと「まなボード」に書いた
グループもあった。振り返りには「止まるのか，そもそも止まりようがないのか」，「負の
サイクルを断ち切るのは難しい」と書いて終わっているものもあり，それらをもとに議論
できなかったことが課題として残った。

４．読者へのメッセージ

　本稿では，与えられた資料をもとにループ図を書くことで，生徒たちが肥満率が高くな
るシステムを見出したことを示した。データを使って変数の変化をグラフに表してつかみ，
それらを因果関係で結びつけるループ図の描図は，中学生でもシステムを発見し，認識を
深めるツールにできると言えるだろう。さらに「レバレッジ・ポイント」を着想した生徒
がいたように，ループ図が描ければ，その図の考察を通じ改善点を見出す「システム思考」
は中学生でもできると言えよう。ただ，その際には，提示する資料の妥当性，描画方法の
提示など，教師側の準備が必要である。今回，生徒たちが結びつけた要素はプリントの変

数が中心で，事前に期待したように自分たちで変数を探し出すことは難しかったようである。この点で「活用問題（Ⅱ）」にはなりえなかった実践となった。本書の「中村実践」（p.66）は，教科書の太字を取り上げて関係構造図を書かせており，ループ図でいう変数の取り上げ方についても検討が必要である。

　また，今回の実践ではループ図を描くことが目的化してしまい，描かれたループ図をもとに生徒どうしが考察するところまで行う時間的見通しが弱かった。各グループが描いたループをつなげる場面があれば，高柳が指摘する肥満者増加の要因を生徒の言葉から紡ぎ出し，より複雑なループを描くことができたし，そのループに筆者がさらに変数を加えることで，アメリカ合衆国の農牧業とのつながりを深めることができたであろう。ループ図に正解はなく，議論で作り上げていくものである。そのプロセスを経験するには1時間の授業では難しかった。

　システム思考では，人が失敗する構造があり，自分たちもそのシステムを構成しているという当事者性の認識が大事だとされている。その点で肥満という生徒にとって身近な出来事を通してアメリカ合衆国を探究し理解を深めることは，システム思考を育むという点で有効だと考える。そうした視点を入れて農牧業やアグリビジネスを学習した単元の発展的探究課題になりうると思っている。

[注]
(1) チェンジ・エージェントが主催した「システム思考トレーニング（基礎編）　複雑な問題構造を見抜く」（2017年3月21日，東京田町，グランパークカンファレンス）である。枝廣・小田（2010）参照。
(2) 本書の「中村実践」（p.64）の中で，こうした社会事象のとらえ方が日本で培われてきた方法であると指摘されている。
(3) 桐蔭学園のこのあたりの事情については長谷川（2016）を参考にされたい。「活用問題（Ⅱ）」とは，桐蔭学園のAL型授業で，生徒にもう一段深い思考を促し，「実社会・実生活に生きる力」を養うために，教科書で学んだ内容を用いて行う探求型の学習をいう。実際には，教科特性を踏まえ「実社会・実生活」とともに「自己：自己をとりまく事物や現象全体」を加え，「実世界（実社会・実生活・自己）に関する事項を扱う」学習として「活用問題（Ⅱ）」を定義している（ウェブサイト「アクティブラーニング型授業の報告－活用Ⅱの学習と学力の三要素－」（川妻篤史）http://smizok.net/education/subpages/atoin_00005(kawatsuma_application).html（最終閲覧日：2021年1月2日））。本実践は，活用問題（Ⅱ）に位置づけられる。詳しくは，河合塾発行のGuideline2016年9月号，「変わる高校教育　第11回 活用型の学習とアクティブ・ラーニング」を参照されたい。また，ここでは筆者の実践も紹介されている https://www.keinet.ne.jp/gl/16/09/03kawaru.pdf（最終閲覧日：2019年12月27日）。
(4) 本書掲載の関係構造図を参照。
(5) チェンジ・エージェントの研修会テキストおよびウェブサイト「システム思考のツール」https://www.change-agent.jp/systemsthinking/tools/（最終閲覧日：2019年12月27日）。枝廣淳子・小田理一郎（2010）『もっと使いこなす！「システム思考」教本』東洋経済新報社
(6) 前掲注（5）のウェブサイト参照。
(7) 前述の「活用問題（Ⅱ）」と「ジャンプの課題」の関係については，ＡＬ型授業が活動主義にならないためには，一人では解決できず学びの共同を必要とするヴィゴツキーの発達の最近接領域に基づく「ジャンプの課題」こそが，「活用問題（Ⅱ）」になると筆者は考えている。

（8）NHK スペシャル「データマップ 63 億人の地図」プロジェクト（2004）およびロウ（2006）など
　　を参考にした。

（9）協働学習を促進するための市販の軽量ホワイトボード。桐蔭学園では各教室に 10 ～ 12 枚備えつ
　　けられている。

［引用文献および教材開発のための参考文献］

枝廣淳子（2018）『地域経済を創りなおす－分析・診断・対策－』岩波書店．

枝廣淳子・小田理一郎（2010）『もっと使いこなす！「システム思考」教本』東洋経済新報社．

NHK スペシャル「データマップ 63 億人の地図」プロジェクト編（2004）『NHK スペシャル「データ
　　マップ 63 億人の地図」いのちの地図帳』アスコム．

佐藤　学（2012）『学校を改革する』岩波書店．

センゲ，P.M. 著，枝廣淳子・小田理一郎・中小路佳代子訳（2011）『学習する組織－システム思考で
　　未来を創造する－』英治出版．

センゲ，P.M.・キャンブロン＝マッケイブ，N.・ルカス，T.・スミス，B.・ダットン，J.・クライナー，
　　A. 著，リヒテルズ直子訳（2014）『学習する学校　子ども・教員・親・地域で未来の学びを創造す
　　る』英治出版．

高柳長直（2007）肥満大国のアメリカ．漆原和子・藤塚吉浩・松山　洋・大西宏治編『図説世界の地
　　域問題』ナカニシヤ出版，pp.72-73.

中内敏夫（1990）『教材と教具の理論　教育原論Ⅱ』あゆみ出版．

長谷川正利(2016)質の高い学びを目指す「高校地理」のアクティブラーニング型授業．溝上慎一編『高
　　等学校におけるアクティブラーニング事例編』東信堂，pp.138-152.

メドウズ，D.H. 著，枝廣淳子訳（2015）『世界はシステムで動く－いま起きていることの本質をつか
　　む考え方－』英治出版．

ロウエリコ（2006）『太ったインディアンの警告』NHK 出版．

2-2　世界の諸地域

② 中学校における関係構造図を利用した授業
―南米の熱帯雨林について考える―

佐々木　智章

☞ **使用する思考ツール：関係構造図**

SYSTEMS APPROACH SYSTEMS APPROACH SYSTEMS APPROACH SYSTEMS APPROACH SYSTEMS APPROACH SYSTEMS APPROACH SYSTEMS APPROACH SYSTEMS APPROACH

1．はじめに

　中学校社会科の 2017 年版学習指導要領では，地理的分野の世界の諸地域学習において，地域的特色を知るだけでなく各地域が抱えた課題についても触れることになっている。このことから，南アメリカの学習において熱帯雨林の減少が頻繁に取り上げられることが推察される。中山（2011）は，地理 ESD 教材開発に関して「途上国のテーマを取り上げた場合には当該国の持続可能な社会の構築のために，日本としてあるいは日本人のひとりひとりがどのような態度，行動，協力が必要になってくるかまでの議論を含めた教材開発を…」と述べている。つまり，生徒に他地域で起きている問題に対して当事者意識をもたせることが世界の諸地域学習において重要なことといえる。

　しかし，中学校の地理は日本以外の地域を初めて本格的に学ぶ機会であることに加え，南アメリカは日本から最も離れた地域である。当事者意識をもたせることは容易ではない。熱帯雨林の減少はさまざまな事象が複雑に絡み合って引き起こされ，その影響も多岐に及んでいる。まずこれらの整理と理解が必要である。

　そうした中，関係構造図は複雑な事象を整理するための利点をもったツールである。たとえば，多くの事象を自由に移動させながら相互の関係性を考えさせることができる。これによって事象それぞれの関係性の強弱が見えてくる。また，関係性を考えながら全体像をつかむこともできる。生徒は問題が生じている地域のみに目を向けがちだが，事象の関係性を考えながら，他地域との関係，すなわちより広いスケールでの思考へステップアップさせてくれる可能性ももつ。もちろん，このツールは，地理学では伝統的に使われてき

たものであり，諸地域学習で地域的特徴を把握することにも有効である。さらに，異なる観点からいえば，本書の「中村実践」（p.64）で指摘されているように，地理教員だけでなく多くの教員にとって比較的取組みやすいことも利点である。

そこで，本稿では中学校における関係構造図を利用した南アメリカの熱帯雨林に関する実践の成果と課題について紹介したい。

２．単元の構成

本実践は，「他地域との関係」をテーマとし，南アメリカ州の諸地域学習の中に位置づけて行ったものである[(1)]。単元を通した大きな学習目標は以下の２点である。１点目は，南アメリカの地域的特色をヨーロッパやアジアなど他地域との関係に着目して理解させること，２点目は，熱帯雨林減少の原因と影響を多面的・多角的に理解し，自分たちとの関わりに気づかせることである。単元構成の詳細は表１の通りで，グループでの関係構造図作成は５時間目に，また６時間目は，作成した関係構造図をもとに個人による文章化と改善点の検討を行った。グループで試行錯誤しながら作成した関係構造図には，重要度の異なる事象が混在している。それらを整理しなければ，作成者にとっても見る側にとっても理解しにくいものになる可能性がある。しかし，作成し直す時間を十分にとることはできない。そこで，重要な部分を抽出しながら個人で整理させるため文章化の方法をとった。また，文章化させることで生徒の理解度を測りたいという意図もある。

１時間目は，「南アメリカの自然環境と他地域」をテーマとし，自然環境を概観した後に，アマゾン川流域の熱帯雨林がもつ役割を説明した。ライト・ウォルフォード（2016）によると，この流域の森林面積は地球上の森林面積の20％を占め，二酸化炭素吸収量の25％を担っており，多種多様な植物と豊かな生態系があるという。さらに，この時間には映像教材でアマゾン川流域に居住する人たちの生活も取り上げた[(2)]。開発を考える際には，さまざまな立場を考慮する必要があり，彼らの生活がどう変わるのかも考えて欲しいというねらいもある。同時に，彼らは自然をうまく利用しながら生きている。物質的には豊かとはいえないが，その生活や考え方は持続可能性という概念を考えるうえで大変示唆的である。

２時間目は，「他地域の影響を受けた民族・文化」をテーマとした。人種・民族構成の項目では，奴隷労働力がブラジルのサトウキビプランテーションの発展に寄与したことを皮切りに，ブラジルが歴史的に沿岸部を中心に発展し，現代でも内陸部と沿岸部に経済格差があることを示した。中学生にとってはやや細かい内容かもしれないが，これも関係構造図づくりを意識した結果，すなわち，熱帯雨林減少の背景にはブラジル国内の事情もあることを意識させたかったためである。

３時間目は，「他地域とかかわる産業」をテーマとした。まず，各国の輸出品と金額の構成から多くの国が資源や農産物などの一次資源の輸出が多いことを確認させ[(3)]，ボリビアにおけるリチウム開発，ブラジルにおけるカラジャス鉄山の開発について取り上げた。リチウムや鉄鉱石のような資源はどのような国が使用するのかを問い，日本との関わりも意

表1　単元構成と主な学習活動

時間	学習項目	主な学習内容
1	南アメリカの位置 起伏の大きい大陸 多様な気候 アマゾン川流域の熱帯林 アマゾン川流域の生活	・アメリカ大陸の広さや南北，東西の広がりをとらえる。 ・変動帯の位置と地形の関係をとらえる。 ・気候分布をとらえる。 ・熱帯林が地球全体に果たす役割を知る。 ・ビデオを視聴し，アマゾン川流域に暮らす人々の生活を知る。
2	南アメリカの国々の言語 南アメリカの国々の民族 黒人奴隷と文化 ブラジルの発展	・歴史的背景から言語分布をとらえる。 ・民族構成の地域性を歴史的背景からとらえる。 ・黒人奴隷がサトウキビプランテーションの発展に寄与したことを知る。 ・黒人奴隷がブラジルの文化に果たした役割を知る。 ・ブラジルの沿岸部を中心にした発展についてとらえる。
3	主な国の輸出品 ボリビアのリチウム開発 ブラジルの鉄鉱石開発	・各国において鉱山資源の輸出額の割合が高いことに気づく。 ・鉱山資源の分布についてとらえる。 ・ボリビアのリチウム開発で懸念されることを考える。 ・カラジャス鉄山の開発で懸念されることを考える。 ・ブラジルの鉄鉱石の輸出先をとらえる。
4	世界の大豆生産の推移 世界の大豆の流通 ブラジルの大豆栽培の拡大 熱帯林の消失	・南米の国々が1990年代以降生産量を急増させていることに気づく。 ・大豆の飼料としての利用が多いことを知る。 ・ブラジルの大豆がアジアに多く輸出されていることに気づく。 ・なぜアジアで多く輸入する必要があるのかを考える。 ・大豆栽培地域が1970年代以降北上していることをとらえる。 ・沿岸部だけでなく，アマゾン川流域にも輸出港があることに気づく。 ・道路の建設も森林減少につながっていることを知る。 ・アマゾン川流域の熱帯林の減少の推移をとらえる。
5	関係構造図とは 関係構造図の作成	・関係構造図の作成方法を知る。 ・グループで関係構造図を作成する。
6	関係構造図の整理 関係構造図の文章化 グループでの共有	・グループで関係構造図の重要部分について話し合う。 ・個人で関係構造図を見ながら，熱帯雨林消失の原因とその影響について文章化する。 ・改善点を考える。 ・個人で書いた文章や改善点をグループ内で共有する。

資料：筆者作成。

識させるようにした。

　4時間目は，「アマゾン川流域の農地の拡大」をテーマとした。まず主な国の大豆生産量の推移を確認させた[4]。大豆生産量は長い間アメリカが1位だが，2位のブラジルは1990年代後半以降急激に生産量を増やしており，アメリカとの差は小さくなっている。そこで，南アメリカにおいて大豆生産が増加している理由を考えさせ，アジアなど人口が増加している国での需要が高まっていることを説明した。次に，ブラジルにおける大豆生産地域がどのように拡大してきたかを確認させた。いわゆるセラードでの大豆生産が開始されたのは1970年代であり，それが徐々に北部に移動している。さらに，こうした開発が何をもたらすのかを考えさせるために，大豆の販路や輸出港を示した図を用いた。大豆

輸出港は大西洋岸だけでなくアマゾン川にもある。そこに道路を建設することでどのようなことが生じているかを衛星写真から確認させた。道路沿いに人々が入植し，森林が減少していくフィッシュボーン現象は生徒にも衝撃的だったようである[5]。そして，最後にグラフから森林面積がどの程度減少しているかを確認させた。

3．関係構造図の作成と文章化

　5時間目の冒頭に，熱帯雨林の減少を止める案を聞いてみた。やはり，直近の学習内容である大豆栽培をやめるという声が多数を占めたので，「それだと困る人もいるのでは？」と問い，複雑な問題を考えるためにまず状況を整理しようと，A3判紙で作成したワークシートを配布した。これは，本書の「田中実践」（p.47）を参考に，生徒の発達段階や4時間目までの内容に照らして，「産業」，「生物」，「大気・水・土壌」，「人口」，「社会・経済」，「その他」の6領域に区分したものである。また，作成方法の説明のため「牧場の造成」と「熱帯雨林」をあらかじめ記入し，これらを使ってグループ作業の前に用語と用語のつなぎ方の例をこちらで示した。さらに作成の際には，「現地住民」，「大豆」，「人口増加」，「農薬」，「経済格差」の用語を必ず使用することとした。作業は1グループ3〜4人単位とし，25〜30分を費やした。授業で用いたプリント，地図帳，教科書の記述などを駆使して，付箋を自由に貼っていくように指示し（図1），適宜巡回しながら補足やアドバイスなどを行った。

　そして，6時間目に関係構造図の重要だと思われる部分を抽出し，熱帯雨林減少の原因と影響について個人で文章化させた。その際，どのような改善方法があるかも考えさせ，最後にその内容をグループ内で共有させた。

図1　関係構造図の作成に取り組む生徒
資料：筆者撮影（2018年2月26日）。

4．実践の成果と課題

（1）熱帯雨林減少の原因と影響について

　用語間のつながりの整合性は別にして，単純に生徒たちが書き出した用語を数えると，平均は 16.5 個で，最多は 35 個，最少が 10 個であった。内容に関しては，次の用語について特に上手くつなげられているグループが多かった。1 点目は「アジアなど他国の需要」，「大豆栽培」，「森林減少」，「生態系の破壊」，「温暖化」であり，2 点目は「大豆栽培」，「農薬の利用」，「土壌や河川の汚染」である。1 点目の用語がつながっていることは本実践の大きな目標の一つ，つまり当事者意識であり，関係構造図作成の有用性を示している。

　一方で，課題も残った。特に指定した用語のうち「現地住民」，「人口増加」，「経済格差」の 3 つでつまずきが多かった。たとえば，現地住民が森林を切ることで熱帯雨林が減少しているという趣旨の誤解が多くみられた。これは 1 時間目の内容とは異なっている。また，「人口増加」と「経済格差」については，全くつなぐことができないというケースもみられた。「人口増加」は，南アメリカ州以外の学習内容も意識させたいという意図だったが，気づく生徒は少なかった。また，「経済格差」は 2 時間目の内容を踏まえ，多様な理由，立場を考慮させたい意図だったが，使用は困難であった。

（2）関係構造図からの文章化について

　前述のように，生徒が作成した関係構造図からは，本実践の達成度をうかがい知ることができたが，個人ではどの程度理解できただろうか。文章化の結果から明らかにしたい。

　まず，自分たちと熱帯雨林の減少をつなげられた生徒は全体の約 70％で，個人として当事者意識をもった生徒は多かった。逆に影響について言及した生徒は約 20％だった。原因に自分たちも関わっていることのインパクトの方が強かったと推察される。なお，影響について言及できていた場合は，原因についても同時に言及できていた。こうした中，15％の生徒は，原因にも影響にも当事者意識がみられなかった。大きな課題である。

　では，改善策として生徒からはどのような案が挙がっただろうか。図 2 に生徒から多く挙がったものを示した。最も多かったのは「植林をする」で，全体の約 20％であった。図 2 の中では当事者意識をもった改善策は「よく考える・地域のことを知る」，「消費をおさえる」が該当すると思われるが，両方を足しても約 24％という数字にとどまった。

（3）課題の改善に向けて

　本実践から得られた改善点は大きく以下の 3 点である。

（a）用語の誤用

　熱帯雨林の減少を取り巻くさまざまな事象の複雑さに気づいてもらいたい意図もあり，6 つのキーワードを指定したが，3 つについては誤用が多くみられた。まず，「人口増加」は 1 ～ 4 時間目までの内容からは離れる。重要な事象だが，外して考えさせるべきであった。

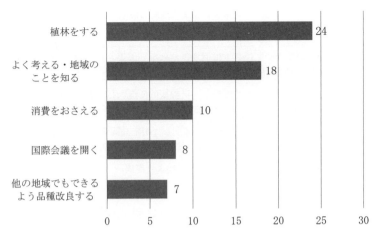

図２　改善策として出されたもの（単位：人，n=116）
資料：授業後のアンケート調査より筆者作成。

「現地住民」，「経済格差」については，本実践の目的よりもステップアップした内容である。単純に授業者の欲張りが裏目に出た結果であり，目的に沿った事象の精選が必要である。

（b）当事者意識が薄かった生徒の存在

　これに関しては，４時間目に日本がどの程度大豆をブラジルから輸入しているかを数字で明確に示せば改善されると思われる。また，生徒の気づきに期待して，関係構造図づくりや文章化の際に極力こちらからのアドバイスは少なくするように心がけたが，中学生段階であれば，ある程度の誘導も必要であろう。「『自分』という用語を使ってみよう」などの指示も考えられる。

（c）当事者意識のある改善策

　そもそも熱帯地域における植林は容易ではない。熱帯の土壌が栄養分に乏しいことは，気候と生活の単元での既習事項であったが，１時間目の学習で再度触れる必要があった。この点については後日フォローした。なお，植林を行うと大豆栽培は難しくなる。このことによって，大豆栽培によって生計を立てる人は打撃を受けるし，ブラジルの経済格差は改善されない。この点は，教員側から問いかけをし，生徒の気づきを促す必要がある。また，関係構造図が複雑になることで，どこを改善すれば良いかが見えにくくなったことも，当事者意識をもった改善策が少なかった一因と推察される。授業内容とともに，扱う事象をある程度絞ることも必要だろう。これについては，アーミン＝レンプフラー氏が提示しているシステム組織の理解の段階（表２）が参考になる。

　本実践は，生徒が数多くの語句を出して関係構造図を作成しているため，表２の最終の第３段階に該当する。関係構造図の作成に慣れていない状態で最終段階の課題をこなすのは困難である。「大豆栽培」，「熱帯林減少」，「温暖化」で第１段階を形成し，その中に徐々に立場や地域の異なる要素を入れていけば，中学生でもうまく整理することができるのではないだろうか。ただ，一単元で段階を踏むのは，時間的な制約もあって難しい。年間の指導計画を作成する際に，表２を意識して，アジアでは第１段階，ヨーロッパでは第２段

表2　システム組織の理解の段階

段　階	内　容
第1段階	少数の要素や関係を主に個別または単一因果として識別し，また漠然とした関係性のつながりを認識する。
第2段階	中程度の数の要素や関係を主に線型的に識別し，適度に細分化された関係性のつながりを認識する。
第3段階	数多くの要素や関係を複雑に識別し，明確な関係性のつながりとして，ないしは組み込まれたシステムの一部として識別する。

資料：日本地理教学会 2018 年 6 月例会配布資料より作成。

階というように，ステップアップさせていくことが必要だろう。

5．読者へのメッセージ

　図3は，生徒が関係構造図の作成に対して感じたことである。まず，「興味を持てた」，「楽しく学ぶことができた」という肯定的な回答が多かった。また，「意見交換することができた」とする生徒も 70％以上となった。関係構造図の作成では，普段は大人しく発言が少ない生徒も積極的に良い意見を出していた。また，そうした生徒がグループ活動に大きく貢献する姿を見ることができ，地理が得意とはいえない生徒も引っ張られるように意見を出す姿が見られた。自己評価でも 80％近い生徒が内容を理解することができたと回答しており，意見交換が内容の理解や授業の満足度につながったものと思われる。さらに，「他の地域の学習でも試してみたい」と回答した生徒も半数近かった。本実践が今後の生徒の学びの役に立つことを期待したい。

　以上のことから，関係構造図は，興味をもって生徒が主体的に活動することができるツールと受け止めることができる。また，該当地域がどのような地域であるのか，自然と人間の関係はどのようになっているのか，他地域とどのようなつながりをもっているのかを可

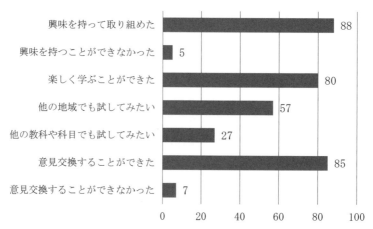

図3　関係構造図作成に対する感想（単位：人，n=116）
資料：授業後のアンケート調査より筆者作成。

視化させてくれ，地理独自の見方や考え方も育ててくれる。まずは，このツールを教員が積極的に利用していくことをお勧めしたい。「主体的・対話的で深い学び」など，地理の授業づくりそのものが複雑で困難な課題のように見える今日だが，システム思考を実践するストロー（2018, p.314）は，「慢性的かつ複雑な問題に直面すると，最初はひるんでしまうかもしれないが，第一歩を踏み出すときからその問題解決の専門家である必要はない。システム思考家としてのあなたの能力は時間の経過とともに高まり，実践することで学習できる」と述べている。確かに実践の中で生徒と一緒に発見できることもたくさんある。まずは，実践者自身が挑戦者となり，今ある課題の解決に向かってはどうだろうか。

　次ページに、関係構造図作成に使ったワークシートを掲げた。

[注]
(1) 本実践は 2018 年 2 月に実施した。
(2) NHK ハイビジョン特集「『アマゾンを救う"森"づくり』〜アグロフォレストリーに挑む日系人〜」を利用した。
(3) 二宮書店発行『データブック・オブ・ザ・ワールド 2018』を利用した。
(4) FAOSTAT（最終閲覧日 2018 年 1 月 10 日）から作成した。
(5) 幹線道路から外に小さな道路ができ次々と森林が伐採され，その様子が上空から見ると魚の骨のように見えることからフィッシュボーン現象と名づけられた。

[引用文献および教材開発のための参考文献]
小池洋一・田村梨花（2017）『抵抗と創造の森アマゾン　伝統的な開発と民衆の運動』現代企画室.
ストロー，D. P. 著，小田理一郎監訳（2018）『社会変革のためのシステム思考実践ガイド　共に解決策を見出し，コレクティヴ・インパクトを想像する』栄治出版.
中山修一（2011）地理 ESD 教材開発の目標，内容，方法. 中山修一・和田文雄・湯浅清治編『持続可能な社会と地理教育実践』古今書院，pp.10-15.
本郷　豊・細野昭雄（2012）『ブラジルの不毛の大地「セラード」開発の奇跡』ダイヤモンド社.
丸山浩明（2013）『世界地誌シリーズ 6　ブラジル』朝倉書店
ライト，A.・ウォルフォード，W. 著，山本正三訳（2016）『大地を受け継ぐ　土地なし農民運動と新しいブラジルを目指す苦闘』二宮書店.

【資料】関係構造図の作成に用いたワークシート

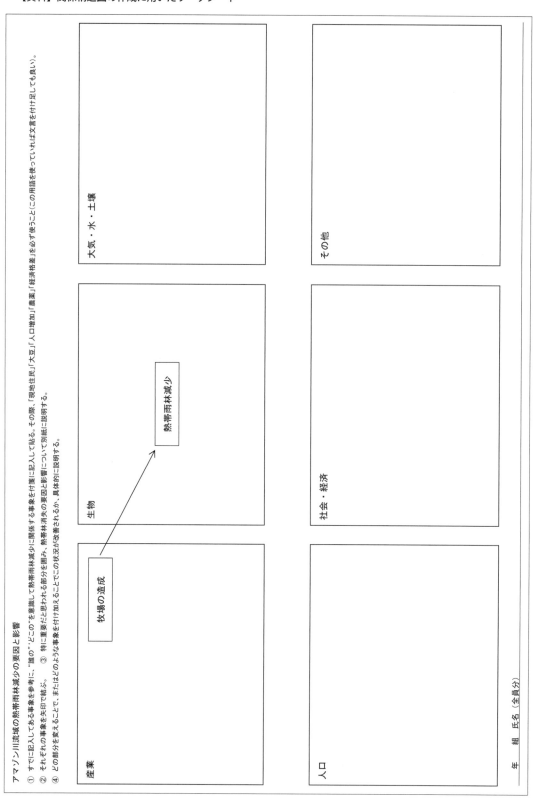

アマゾン川流域の熱帯雨林減少の要因と影響

① すでに記入してある事象を参考に、"誰の" "どこの" を意識して熱帯雨林減少に関係する事象を付箋に記入して貼る。その際、「現地住民」「大豆」「人口増加」「農業」「経済格差」などの用語を必ず使うこと（この用語を使っていればこの用語を付け足しても良い）。
② それぞれの事象を矢印で結ぶ。　③ 特に重要だと思われる部分を囲み、熱帯林消失の要因と影響について別紙に説明する。
④ どの部分を変えることで、またはどのような事象を付け加えることでこの状況が改善されるか、具体的に説明する。

大気・水・土壌

その他

生物

熱帯雨林減少

社会・経済

産業

牧場の造成

人口

年　　組　氏名（全員分）

① 関係構造図を用いて解決策を考える
―「アラル海の縮小」を事例として―

田中　岳人

☞ **使用する思考ツール：関係構造図**

SYSTEMS APPROACH SYSTEMS APPROACH SYSTEMS APPROACH SYSTEMS APPROACH SYSTEMS APPROACH SYSTEMS APPROACH SYSTEMS APPROACH SYSTEMS APPROACH

1．意義

　地球的課題のひとつ「アラル海の縮小」を取り上げ，事象の把握に加え，問題の解決策を考えさせることに主眼を置いた実践を紹介する。事象の説明や分析に留まりがちな地球的課題の学習を，問題解決まで含めて考えさせることで，より深い学びへと向かわせることができるのではないだろうか。

2．アラル海の縮小の概略と単元構成

　アラル海の縮小は資料集では次のように概説される[1]。

> 　1960 年代まで世界 4 位の湖水面積を誇っていたアラル海だが，旧ソ連による自然改造計画の一環としての綿花栽培のため，アムダリア川・シルダリア川からの取水が増え，流入量が激減した。灌漑地では水の蒸発が激しく，土壌の塩類集積により放棄される農地の増加も深刻である。湖水面積は南北に分断され，さらに東部は完全に消滅しつつあり，この 40 年間で湖水面積は 4 分の 1 に縮小した。かつて湖底だった地域は，現在では草原や砂漠に転じ，放棄された漁船のそばをラクダが闊歩する光景も珍しくない。2014 年，米航空宇宙局の観測で，アラル海はほぼ消滅したことが判明した。

表1 「アラル海の縮小」の単元内容構成及び関係構造図の作成と活用

時間：小単元名（実施時間数）【学習形態】	学習内容	使用教材	関係構造図の作成・活用	期待される成果
第1時：なぜアラル海は縮小したか（1時間）【一斉】	・映像資料を視聴して、アラル海が縮小した要因・背景を理解する ・現時点での持続可能な解決策を考える	・映像資料ワークシート ・映像資料（日本テレビ系列世界仰天ニュース「消える巨大湖」2008年放送）「アラル海の縮小」に関する新聞記事（「地球異変 枯れる湖 追われる民」朝日新聞 2018年8月12日, p.2）	・映像資料を視聴して、メモをとる ・映像資料視聴後、メモの内容から文章でアラル海が縮小した要因や背景を文章で記述する	・生徒に事象の時系列あるいは因果関係的なつながりを意識させることができ、以降に続く関係構造図の草案と関連となる
第2時：関係構造図の作成と問題の本質の把握（1時間）【グループ】	・前時の資料を利用して、事象（重要語句）を設定し、関係構造図に位置づける ・作成した関係構造図から「アラル海の縮小」の問題の本質を考える	・関係構造図ワークシート ・ポストイット ・「アラル海の縮小」の本質ワークシート	・関係構造図に事象を配置する（図1 段階①） ・各事象を因果関係を根拠として線で結ぶ（各事象間の関係性の把握：図2・段階②） ・問題の本質を考え、グループで共有する	・関係構造図の作成を通して、各事象が複雑に関係し合っていることや、自然圏と人類圏が相互作用的な関係を見せていることをとらえることができる
第3・4時：最悪のシナリオから考える持続可能な解決策（2時間）【グループ】	・関係構造図から今後も綿花栽培が継続・強化された場合のシナリオを考え、それを避けるために最低限必要なものは何かを考える ・どうすれば最低限必要なものを持続的に得る・維持することができるかを考える（解決策）	・解決策ワークシート	・関係構造図を用いて最悪シナリオを考える（シミュレーション：図1 段階③④） ・解決策として考えられる仮説を列挙し、それらを1つ1つ関係構造図上で検証する（解決策の可能性の検証）	・事象の分類によって、事象の軽重と問題の構造をとらえることができる ・関係構造図上で解決策としてあげられる仮説をシミュレーションすることで、その持続可能性を検証する
第5時：持続可能な解決策の発表（1時間）【グループ】	・各グループで考えた「アラル海の縮小」問題の解決策を発表し、持続可能な解決策がどうか生徒自身が評価する	・解決策のピアレビューワークシート	・解決策発表時のツールとして、関係構造図を利用する	・他のグループの解決策を聞き、生徒自身が提示した解決策と相対化することができる
第6時：環境開発問題のまとめ（1時間）【一斉】	・ムヒカ元大統領演説やメドウズの著書から、問題の解決を困難にしているものは何かを考える	・映像資料（「リオ＋20 国連持続可能開発会議」ムヒカ大統領演説）・メドウズ・ドネラ著『地球の法則』『選ぶべき未来』	―	・（消費社会にコントロールされた）人類の心理が問題の根本となっていることや、地球の法則と経済の法則に持続可能性の観点から、乖離があることを示す

資料：筆者作成。

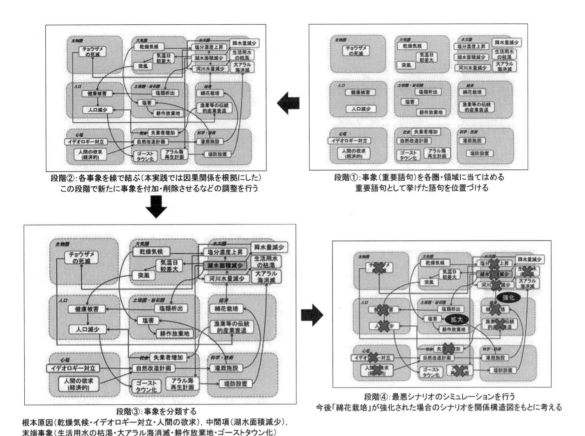

段階②：各事象を線で結ぶ（本実践では因果関係を根拠にした）
この段階で新たに事象を付加・削除させるなどの調整を行う

段階①：事象（重要語句）を各圏・領域に当てはめる
重要語句として挙げた語句を位置づける

段階③：事象を分類する
根本原因（乾燥気候・イデオロギー対立・人間の欲求），中間項（湖水面積減少），
末端事象（生活用水の枯渇・大アラル海消滅・耕作放棄地・ゴーストタウン化）

段階④：最悪シナリオのシミュレーションを行う
今後「綿花栽培」が強化された場合のシナリオを関係構造図をもとに考える

図1　「アラル海の縮小」の関係構造図の作成・活用過程
資料：筆者作成。

　アラル海の縮小は「20世紀最大（あるいは最悪）の環境問題」といわれる。注目すべき
は，アラル海が縮小したことによる影響が漁業を中核とした地域経済への打撃に留まらず，
地表面に残った塩類が突風で舞うことによる健康被害など多岐に及んだ点である。さまざ
まな事象が複雑な相互関係を形成していることが示唆される。

　以上を踏まえ，本実践は高校3年次の地理Aにおいて6時間かけて実施した（表1）。本
授業における関係構造図の作成・活用は，①事象の位置づけ，②各事象を線で結ぶ（事象
間の関係性の把握），③「アラル海の縮小」の全体像（問題の全体的な構造）の把握，④シ
ミュレーションの計4段階を経た（図1）。

3．実践の詳細

＊第1時：なぜアラル海は縮小したか
　まず，アラル海の縮小に関する課題意識を喚起するため，映像資料を視聴させた。視聴
に際して，生徒には映像に登場するキーワードについてメモをとることを指示した。視聴後，
メモをもとにアラル海の縮小の概要を文章でまとめさせた。

＊第 2 時：関係構造図の作成と問題の本質の把握

　関係構造図の作成と，そこから問題の本質をとらえさせることを目的としたグループワーク（ワークショップ）を行った。関係構造図の作成にあたり，前時のメモや文章から事象（重要語句）を各グループで計 15 個程度ずつピックアップさせ，関係構造図上の該当する圏・領域に配置させた⁽²⁾（図 1：段階①）。

　次に，各事象に注目し，関係すると思われる事象同士を互いに結びつけさせた（「システマティックなアプローチ」図 1：段階②）。その際，関係性は因果関係に基づくこととし，原因から結果へ至るような矢印で結ぶことを指示した（例：「チョウザメの死滅」→「漁業等の伝統的産業衰退」）。この作業により，事象同士の関連性が明らかになるとともに，それらが集積することで，「アラル海の縮小」という問題の全体的な構造を「見える化（可視化）」した。

＊第 3・4 時：最悪のシナリオから考える持続可能な解決策

　前時に作図した関係構造図を使い，システム全体の挙動（ふるまい）をとらえさせた（システミックなアプローチ）。ここでは，問題の解決策を考える際に全体像をとらえながら考えさせるため，挙動をとらえる学習といえる。解決策の導出は以下のように，「事象の分類」，「最悪シナリオの想定」，「最悪シナリオの回避」という学習プロセスで行った。

　「事象の分類」：解決策を考えさせるためには，問題のどこに手を入れるべきかを検討させる必要がある。そこで，関係構造図に位置づけられた各事象を「根本原因」，「中間項」，「末端事象」の 3 つに分類させた（図 1：段階③）。根本原因とは，関係構造図において矢印が出ていく出発点となる事象とした。その事象がある限り，問題を生み続けるような事象といえる。他方，末端事象とは，関係性のつながりを辿った末の終着点となる事象であり，問題の結果生じた事象とした。中間項とは，根本原因と末端事象の間に存在する事象を指し，本実践では「根本原因と末端事象の間に存在し，最も矢印の出入りの多い事象」とした⁽³⁾。

　「最悪シナリオの想定」：解決策考案のポイントをさらに明確にさせるため，問題が将来にわたり悪化し続ける場合の最悪シナリオを考えさせた（図 1：段階④）。たとえば，中間項「湖水面積減少」を引き起こしている直接的な事象は「綿花栽培」である。したがって，綿花栽培が引き続き行われた場合の最悪シナリオはどうなるかについて生徒らは考える。もし綿花栽培が強化（ここでは継続することを強化と呼ぶ）される場合，河川水量減少が連鎖的に強化され，結果として湖水面積減少に拍車をかけ，最悪の場合アラル海は完全に消滅する。以上のようなプロセスを，関係構造図上の線を辿らせながらさまざまなケースを考えさせ，綿花栽培が強化され続けた場合に，「残る事象」と「消える事象」を検討させた。その結果，多くのグループが「アラル海周辺地域に暮らす人々が移住するなどした末に，当地域は無人となり，塩を大量に含んだ砂漠，広大な耕作放棄地が残される」という想定シナリオを描いた。

　「最悪シナリオの回避」：課題解決を考える場合，課題の 1 つ 1 つに対してパッチ状に解決策を当てれば部分的には改善すると思われるが，しかしそれは全体的な視点からとらえ

ると新たな問題を生んでしまう可能性がある（「今日の解決が明日の問題を生む」状態）。第3時の一部と第4時では，最悪シナリオを避けるためには最低限何が必要かを考えさせた。

　結果的に多くのグループは最低限必要なものとして「水」や「資金」を挙げた。たとえば「水」を挙げたグループには，アラル海周辺地域において最低限，水だけは持続的に得られる状態を維持するため，どのような対策が講じうるかを考えさせた。また，その解決策案を可能な限り列挙させた。そして，挙げられた案1つ1つについて，その案が関係構造図上でどのような相互作用の変容を生み出し，それが全体としてどのような挙動を示すか（変容を示すか）をシミュレーションさせた。生徒には新たな問題を創出しない実現可能な解決策と考えられるものについて，妥当な解決策案であると判断させた。

　こうした作業の結果，最終的に「アラル海の縮小」問題における解決策とは，妥当と考えられた解決策をつなぎ合わせた「解決策群」となった。

＊第6時：環境開発問題のまとめ

　生徒らの導出した解決策の多くは，多量の水を必要とする「綿花栽培」を中止し，新たな産業を考えることであった。また，新たな産業については革新的な科学技術に依存したものが多かった。ただ，一部の生徒からは問題の複雑さゆえに考えることは困難との声があり，生徒によっては「諦め論」的な意見も聞かれた。

　そこで本時では単元のまとめとして，少し視点を変え，なぜ持続可能な解決策の導出が困難であるのかを，グローバリゼーションや消費社会，政治のあり方とともに考えさせることとした。教材として「国連持続可能な開発会議」（2012年6月，リオデジャネイロ）におけるウルグアイ第40代大統領ホセ・ムヒカのスピーチ映像と，メドウズ（2009）による著書を用いた[4]。

　ホセ・ムヒカのスピーチでは「人類は競争社会の要因といえる市場経済を生み出し，それを世界全体に普及させるグローバリズムを推し進めてきた。環境問題の本質は明らかに政治の問題である。人類は消費社会にコントロールされているが，我々が逆にコントロールしなければならない。大切なのは考え方であり，発展は人類の幸せの邪魔をしてはならない」といった趣旨の発言がある。ここから，問題の根本は我々の心理にあることをあらためて確認した。

　また，メドウズの著書からは，持続可能性と経済のあり方について，地球システムと経済システムの観点から述べた文章を読ませた。現在の「地球システム（地球の法則）」と経済システムを含む「社会システム」の間には乖離があることを示し，そのずれをアラル海の縮小の問題と照らし合わせながらあらためて意識化することで本単元のまとめとした。

4．振り返り

　生徒に実施したアンケートの一部を表2に掲げた。生徒の自由記述欄のコメントは次の通りである。

表 2　生徒へのアンケートの結果と主な記述

アンケートの分析	生徒による記述
0%　6%　8% 19% 67% □ できた ◨ まあまあできた ▨ どちらともいえない ▩ あまりできなかった ■ できなかった a. 事象を上手くつなぐことができたか (n=123)	・因果関係がこじつけのようになったりした【できた】 ・矢印が錯綜して混乱した【まあまあできた】 ・線は結べたが，全体の関係性を見るのは難しかった【どちらともいえない】 ・班員それぞれの意見集約が難しかった【できた】 ・ストーリーを組み立てていくようで楽しかった【できた】
2%　0% 11% 30% 57% □ できた □ まあまあできた ▨ どちらともいえない ▩ あまりできなかった ■ できなかった b. 問題の複雑性や全体像は理解できたか (n=126)	
44%　56% □ ない ■ ある c. シミュレーションに際して難しいことはあったか (n=126)	・本当に解決策が機能するのかわからなかった【ある】 ・どこまで考えるのが「最悪シナリオ」なのかわからなかった【ある】 ・仮説がどれも上手くいかず，解決策が挙げられない【ある】 ・最悪シナリオを考えたので，解決策は考えやすかった【ない】

資料：筆者作成。

・環境問題は一つの枠組みだけで解決するものではないということを知ることができた。環境問題の奥深さを理解することができたと思う。
・最後の授業でみた映像とプリント（メドウズの著書）は考えさせられたし，今までもっていた「もやもや」の正体がこれだったのかと思った。この消費社会が適切なものか考えることができて本当によかった。

　様々な問題が噴出する現代世界において，自然と人間の関係性は基本的に人間側に問題の発端をもち，自然を破壊した結果，人間にその影響が戻ってくるものととらえられるであろう。関係構造図が下段（人類圏）→上段（自然圏）→下段（人類圏）へとループしているように，アラル海の縮小もその例の 1 つといえる。生徒らのコメントやアンケートか

らは，人間側に端を発する環境問題の複雑さや解決することの難しさを理解したことがうかがえた。

5．読者へのメッセージ

　筆者の所感ではあるが，従来の地理教育は自然と人文を包括する総合的な考え方について，その具体的な手法まで提示できていなかったのではないだろうか。特に，地理学が本来的に有してきたとされる総合性を明確に提示することのできる点で，関係構造図は有用なツールであるといえよう。

　なお，上述してきた実践の詳細は，前述のように2016年に6時間かけて実施したものである。しかし，アラル海の縮小という1つの単元に6時間を費やすことは，年間の授業計画の上で現実的でない部分もある。そこで，時間数を削減するために最近は，あらかじめ事象（語句）を提示することによって，時間の短縮を行っている。

　つまり，生徒は自ら事象をピックアップするのではなく，提示された事象を関係構造図に位置づけ，概要の記された資料などをもとに事象同士を結びつけていく。その後，解決策をワークショップ形式で考えさせ，生徒個人が課題としてレポートを作成する。これによって，授業時間数は4時間程度に抑えることができ，従来と比較して取り入れやすい単元構成になったと考えている。そのことを踏まえ，次ページ以下に資料として，筆者が近年用いている教材およびワークシートを提示する。

[注]
(1) 東京法令出版（2017，p.276）より引用。
(2) 図中，たとえば，「チョウザメの死滅」という事象は「生物圏」に該当する。この作業は基本的に生徒同士の話し合いに任せたが，グループ内での意思決定の過程で大きな誤認（たとえば「チョウザメの死滅」を「人口領域」に位置づけるなど）は生じていなかった。ただし，この作業で重要なことは，生徒自身が事象を各圏・領域に明確な根拠を基に位置づけることであり，必ずしも正解があるものでないことを意識させる必要がある。
(3) 事象の分類は，生徒の作成した関係構造図が複雑性を示しているかという点でチェックする機能も有するため，関係構造図の作成段階で行ってもよい。たとえば，中間項は1～2個程度が適当であると考えられるが，それが3個以上などの場合は，その関係構造図は単線的なつながりによって構成されている（複雑性に欠ける）可能性がある。その際は，教員側が生徒に対して関係構造図を再考するよう促す必要がある。
(4) メドウズ（2009）の「地球の法則と経済学の法則」の部分を取り上げた。

[引用文献および教材開発のための参考文献]
朝日新聞社（2018）地球異変 枯れる湖 追われる民．朝日新聞社，2018年8月12日，p.2.
地田哲朗（2013）第2章 アラル海救済策の現代史－「20世紀最大の環境破壊」の教訓－．アジア経済研究所編『長期化する生態危機への社会対応とガバナンス調査研究報告書』，pp.23-48.
東京法令出版（2017）『新編 地理資料2017』東京法令出版．
メドウズ，D. 著，枝廣淳子訳（2009）地球の法則と経済学の法則．『地球の法則と選ぶべき未来―ドネラ・メドウズ博士からのメッセージ―』ランダムハウス講談社，pp.64-69.

【資料1】「ザ！世界仰天ニュース　消えた巨大湖の謎」メモ

○アラル海の概要
・カザフスタンとウズベキスタンの国境付近
・面積は琵琶湖100個分が入るほどの大きさ
・天山山脈、パミール高原から流入するシルダリヤ川、アムダリヤ川
・乾燥地帯にあって流入と蒸発が微妙なバランスで均衡を保つ6500万年前に形成された
・塩湖　チョウザメ→キャビア貴重な収入源
・漁師（アラリスク）社会主義の状況下でも安定した収入
　　⇒「海でもないのに引き潮みたい…」数年後，湖岸線が後退し沿岸部干上がる（一晩で数百メー
　　　トル干上がることも）
・住民「何が起こっているのかわからない」→大型漁船×→小型船で漁を継続
　　⇒政府「わからない」
・年間2.5万tあった漁獲高激減
　　沿岸部の魚加工工場19箇所→1箇所　失業者があふれたゴーストタウン化

○原因
・1940年代後半…ソ連、スターリン指導の下「自然改造計画」
　　⇒乾燥地を灌漑して綿花栽培地へ
　　　　西側諸国に国力を誇示→数年で綿花栽培は急増→両河川の水量が激減→湖が縮小
　　　　「アラル海の縮小を食い止めなければ塩分濃度が上がって生物のいない死の海になる」
　　　　「消滅してもかまわない。社会主義が勝利すればよい。アラル海は美しく死ぬべきである。」

○影響
・1980年代原因不明の病気で老人や乳児が死亡（1歳未満の乳児死亡率10人に1人）
　　⇒原因は大量に堆積した塩
・気候変動。かつては砂漠地帯でありながら比較的湿潤：湖の縮小→沿岸部降水量減少・突風・気温
　　較差大
・気管支炎や食道がん結石や腎臓病など健康被害が顕著に
・1991年ソ連崩壊→（情報公開）アラル海の危機が世界へ知れ渡った「静かなるチェルノブイリ」

○現在（アラリスク）
・人口9万人→3分の1以下に　かつての港から湖岸線は確認できない
・アラリスクの老人「湖はすぐそこだった。昔は夏に泳いでいた。」
・現在の湖岸線はアラリスク港からの距離約50キロ
・2008年現在小アラル海と大アラル海（東西に分かれる）
・塩分濃度6倍以上（かつては10‰、海水は35‰）　チョウザメ死滅　塩分に強い魚介類のみ生育
　　⇒最近は少し獲れるように→放流魚（カンバラ，スダック）など　かつては25種類の魚が獲れた
・1か月の収入は約5万円　他に収入を得る道はない…魚屋は1軒のみほとんど他地域の魚
・井戸の枯渇（水に塩分が含まれる等）→月に一度水を買う
・突風が吹く度塩が巻き上がる状況
・1992年「アラル海再生計画」日本はじめ各国が援助（世界銀行も）

○対策：小アラル海と大アラル海の間に堤防（コクアラル堤防）を建設
　　シルダリヤ川からの水を大アラル海へは流さず、小アラル海のみ回復させる

【資料2】「アラル海の縮小」のワークシート

「アラル海の縮小」　ワークシート①

年　組　番　氏名

課題1

資料①～②や資料集などをみて、次の語句を用いてアラル海周辺の関係構造図を作成せよ。

<語群>

乾燥気候／塩類の析出／堤防設置／イデオロギー対立／人間の欲求（経済的に豊かになりたい）／チョウザメの死滅／突風／気温日較差の拡大／綿花栽培／生活用水の枯渇／塩分濃度上昇／塩害／人口減少／人口増加／河川水量増加／失業者増加／漁業減少／漁業等の伝統的産業衰退／灌漑施設／アラル海再生計画／ゴーストタウン化／大アラル海消滅／耕作放棄地

※その他に語句が必要であれば、付け加えて説明してもよい。

<「アラル海の縮小」の関係構造図>

水文圏	大気圏	生物圏
経済	土壌圏・岩石圏	人口
科学・技術	社会	心理

課題2

課題1を踏まえて、「アラル海の縮小」の概要や経緯、原因を文章で記述しなさい。

課題3

アラル海における「今後の課題」としてどのようなことが考えられるか、記述せよ。

課題4

課題3で述べた課題に対する処置（対策・解決策）として、次の①・②に従って現時点で考えられるものを簡潔に記述せよ。

①10年後にどうなっているべきか、そのために何が必要か（10年オーダーの解決策）。

②50年後にどうなっていれば良いか、そのために必要なことは何か（50年オーダーの解決策）。

「アラル海の縮小」ワークシート②—

　　　　　年　　組　　番　氏名

課題1：最悪シナリオ

以下の図は、持続可能性における5つの重要なコンピテンスを示している。この図が示すように、持続可能性を考える際には、予測コンピテンスが重要とされている。そこで、「[B]非介入時の未来シナリオ：最悪シナリオ」について関係構造図を完成させなさい。

※最悪シナリオ：関係構造図において、その状態が維持され続け持続が困難な状態。つまり、「中間項が末端事象（結果）に作用し続ける状態」という。

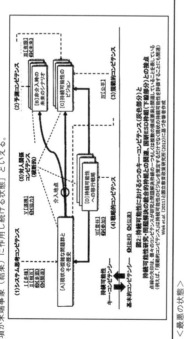

図2：持続可能性に関する研究・教育開発分野における5つのキーコンピテンス（灰色部分）と、国際ESD枠組（下線部分）との接点

課題2：持続可能なビジョン

☞アラル海周辺地域の持続可能な状態を考える際の目標となる

＜持続可能な状態＞

アラル海周辺地域の持続可能な状態とはどんな状態か。グループで意見を集約せよ。

＜最悪の状態＞

課題3：持続可能な状態にするための解決策

関係構造図に基づいて「アラル海の縮小」問題が持続可能な状態になるように記述せよ。

※解決策欄には、考えられる解決策を簡潔に記述せよ。

(例)「どうなると良い」：アムダリヤ川の流量が増加する
「そのための解決策」：綿花栽培をやめる
「関係構造図での結果」：①水の利用量減少、②綿花輸出量の減少、③綿花栽培従事者の失職
etc…　→どうなると良い：綿花栽培従事者の雇用創出→「中…

☞最終的な解決策を2つ組み合わせて、1つの解決策（群）を提示する

※必殺技的な解決策は別の問題を生み出す可能性が高い。科学技術ばかりに頼ってはならない。

＜解決策群作成表＞

	どうなると良いのか	そのための解決策	関係構造図上での結果
1			
2			
3			
4			
5			
6			
7			
8			
9			
10			

② チョコレートを切り口にシステム思考を育む 授業実践

泉　貴久

☞ **使用する思考ツール：フローチャート，開発コンパス，関係構造図**

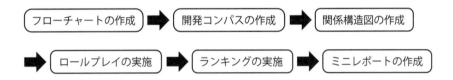

1．授業実践の意義

　本稿で紹介する授業実践「チョコレートから世界が見える」は，身近な嗜好品の一つであるチョコレートを切り口に，現代世界における複雑な自然システム，社会・経済システムの構造について学習者に気づかせることで，社会構造上生じる諸課題解決へ向けた手立てについて考えさせることをねらいとしている。同時に，諸課題と自分自身とのつながりを見出すことで生産と消費とを結びつけ，諸課題への当事者意識を育むとともに，持続可能な社会を構築していくための足掛かりを築いていくこともねらいとしている。

　いうまでもなく，チョコレートは，子どもから大人まで世代を問わず消費され，大衆品から高級品まで，大小さまざまなメーカーによる多種多様な製品が市場に出回っている。それとともに，バレンタインデーに代表されるようにメーカー商戦の主軸にもなっている。しかしながら，私たちは，チョコレートの製造・流通・販売・消費の一連の流れについて思いをはせることは果たしてどれだけあるのだろうか。たとえば，原材料の一つのカカオ豆が誰によって栽培・収穫され，製品に加工され，また，誰が製品の価格を決定し，市場へと供給され，消費者の手もとに渡るのか，そのプロセスについて私たちの多くが無関心であるように思われる。だが，そのようなプロセスをたどっていくと，児童労働や経済格差，環境破壊といった地球規模での諸課題へと結びつく。

2．授業実践「チョコレートから世界が見える」

（1）単元構成と学習目標

　本実践の単元構成は表1に示す通りである。本実践は15時間扱いで，7つの小単元によって構成され，「地理総合」の大項目「B 国際理解と国際協力」の内容「（2）地球的課題と国際協力」における学習単元としての位置づけを想定している。チョコレートを切り口に，世界諸地域間の空間的相互依存関係を認識し，そこから，原料生産国が抱える諸課題の発見・解決へと至る探究プロセスを重視した授業を展開することが可能となる。その際，「関

表1　「チョコレートから世界が見える」単元構成（全15時間）

小単元 （時間数）【学習形態】	主な学習内容	主な学習方法	探究プロセス
1．チョコレートについて広く，深く理解しよう！ （2時間）【集団】	・チョコレート関連の知識	・ブレーンストーミング ・KJ法 ・クイズ	・関連資料を読み解く
2．チョコレートの原材料と生産国・消費国の関係とは？ （2時間）【個別】	・チョコレートの原材料 ・チョコレートの歴史 ・カカオ豆輸出国・輸入国，チョコレート消費国の地理的特徴	・統計データ読み取り ・分布図作成 ・流線図作成 ・文献資料読み取り	・関連資料を読み解く
3．チョコレートはどこからどのようにして私たちの手もとにやってくるのか？ （2時間）【集団】	・国際分業体制の特徴 ・モノカルチャー構造 ・フードシステム	・文献資料読み取り ・フローチャート作成	・関連資料を読み解く ・構造図を作成する
4．カカオ豆の生産地・ガーナのプランテーション労働者の生活をのぞいてみよう！ （2時間）【個別】	・ガーナの国勢 ・村落の現状 ・農園労働者の生活 ・児童労働の実態 ・国内の経済格差	・統計データ読み取り ・映像視聴	・関連資料を読み解く
5．チョコレートからどのような問題が見えてくるのか？ （2時間）【集団】	・環境破壊 ・貧困問題 ・企業間の国際競争 ・自由貿易体制 ・南北経済格差	・開発コンパス作成	・構造図を作成する ・関係する諸課題を整理する ・課題間のつながりを見出す
6．プランテーション開発の是非について考えてみよう！ （3時間）【集団】	・プランテーション開発を巡る様々な見解 ・望ましい解決策	・関係構造図作成 ・ロールプレイ	・関係する諸課題を整理する ・課題間のつながりを見出す
7．持続可能な社会の実現へ向けて私たちができることは何か？ （2時間）【個別】	・持続可能な社会	・ランキング ・ミニレポート作成	・自ら参画できる領域や場面を考える

注：探究プロセスについては，山本（2015）をもとにした.
資料：筆者作成.

連資料を読み解く→構造図を作成する→関係する諸課題を整理する→課題間のつながりを見出す→自ら参画できる領域や場面を考える」という5段階からなる探究型の学習プロセス[1] を踏まえるとともに，「主体的・対話的で深い学び」を意識して授業を設計した。学習目標については，2018年版学習指導要領の求める3つの資質・能力との関係から，以下の5点を設定した。

①チョコレートの製造・流通・販売・消費プロセスについて，システム思考のツールの1つであるフローチャートの作成を通して理解する（知識・技能）。

②チョコレートの製造・流通・販売・消費プロセスを踏まえた上で，現代世界における複雑な自然システム，社会・経済システムの構造について，システム思考のツールの1つである開発コンパスの作成を通して理解する（知識・技能）。

③社会構造上生じる諸課題がもたらす影響について，システム思考のツールの1つである関係構造図の作成を通して理解する（知識・技能）。

④社会構造上生じる諸課題がもたらす影響への解決策について，ロールプレイやランキングの手法を通して考える（思考・判断・表現）。

⑤諸課題と自身とのつながりを見出すことで当事者意識を育むとともに，持続可能な社会を構築していくための足がかりを築く（主体的に学習に取組む態度）。

　なお，授業対象となる生徒は，系列大学への内部進学を目的に編成されたコースに属する高校3年生で，男女4名ずつの合計8名で編成されている[2]。少人数での授業により，「主体的・対話的で深い学び」が成立しやすく，そのことが学習指導上における大きな成果をこれまでもたらしてきた。

（2）授業実践の展開

小単元1：チョコレートについて広く，深く理解しよう！

　まずは，生徒たちを4名ずつの2つのグループに分けさせた。次に，グループごとにチョコレートに関わる言葉を付箋1枚ずつに書き込ませ，ある程度付箋がたまったら，KJ法を用いてそれらを分類し，そこから読めることを模造紙にまとめ，発表させた。すなわち，自分たちがとらえているチョコレートのイメージについてクラス全体で共有する。発表後はチョコレートの起源やそれにまつわる文化や風習といった関連事項について触れた。

小単元2：チョコレートの原材料と生産国・消費国の関係とは？

　ここでは，チョコレートの原材料について商品パッケージから確認した上で，その歴史について説明を行った。そこでは，原料のカカオ豆やサトウキビが，ヨーロッパ列強の中南米や西アフリカ地域における植民地支配の産物であったこと，その背景に現地の奴隷労働を用いて原料を収穫し，ヨーロッパへの流通ルートを確立することで，プランテーション農業の礎を築いたこと，それによって，チョコレート業界に君臨する今日の多国籍企業

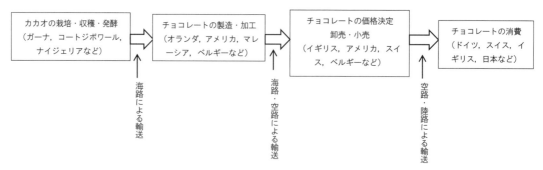

図１　チョコレートの生産と消費を結ぶフローチャート
資料：筆者作成。

が台頭していったこと，植民地からの資源収奪と現地住民の犠牲の下でヨーロッパ市民の富が築かれていったこと，などを示した。

　その上で，カカオ豆の輸出国・輸入国，チョコレートの消費国の上位５か国を，統計データで確認し[3]，白地図に色分けさせるとともに，輸出国と輸入国・消費国との相互依存関係に気づかせるために双方の国々を線で結ばせた。そして，それらの地理的特徴について空間的側面から理解を深めた上で，かつての宗主国による植民地支配が，今日の南北問題と密接に関わっていることに気づかせた。

小単元３：チョコレートはどこからどのようにして私たちの手もとにやってくるのか？

　ここでは，カカオ豆の栽培・収穫からチョコレートへの製品化，そして消費者へ届けられるまでにどのような過程を踏んでいるのかを追認するために，文献資料に基づき[4]，図１に示すフローチャートをグループごとに作成させた。この作業によって，チョコレートの製造に際し，世界各地域で多くの産業が展開され，そこで多くの労働者が従事していることに生徒たちは気づいた。そしてそこから，一連のフードシステムとともに，関連産業における国際分業体制が構築されていることを生徒らは理解した。

小単元４：カカオ豆の生産地・ガーナのプランテーション労働者の生活をのぞいてみよう！

　ここでは，日本にとってカカオ豆の最大の輸入国であるガーナの国勢について説明した後，同国北部の村落に立地するカカオ豆プランテーションとそこで働く労働者，なかでも児童労働の実態についてとらえた映像資料[5]を視聴させた。それにより，同国の国勢とともに，農村部の抱える課題が多様でかつ深刻な状況にあることを生徒たちは理解した。

小単元５：チョコレートからどのような問題が見えてくるのか？

　ここでは，これまで学習したことを踏まえて，チョコレートから連想される言葉を付箋に１つずつ記入させた。付箋がある程度たまったら，それらを自然，経済，社会の３つの観点に分類し，図２に示す開発コンパスの３つの次元それぞれに付箋を貼り付けさせた。次に，出来上がった開発コンパスからチョコレートをめぐってどのような課題が見えてく

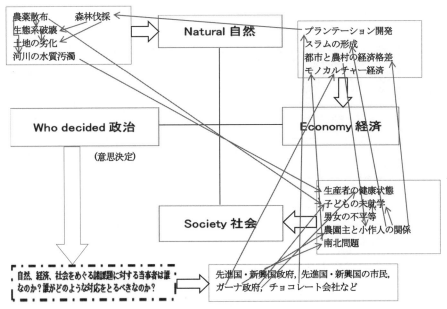

図2　チョコレートに関わる諸課題を軸にした開発コンパス
資料：全グループから出てきたチョコレートをめぐる主な課題を，筆者が集約した上で作成した。

るのか，また，どの課題とどの課題が互いに関連しあっているのかを，グループ内で議論させ，結論づけ，発表させた。そうすることで，チョコレート1つからさまざまな課題が浮き彫りになり，課題間の関連性が見出されることを生徒たちは理解できるようになった。発表後は，開発コンパスのもう1つの次元である政治（意思決定）に着目させ，開発コンパスから見出された諸課題に対して，「当事者は一体誰なのか？」，「誰がどのような対応をとるべきなのか？」という質問を生徒たちに投げかけた。ここでは，性急な結論を出させず，今後の学習を通して持続的に考えさせるためのきっかけづくりとした。

小単元6：プランテーション開発の是非について考えてみよう！

ここでは，ガーナ北部のカカオ豆プランテーション開発に焦点を当て，それが「人間―地球エコシステム」全体に及ぼす影響を考えるために，図3に示す関係構造図を作成した。また，ロールプレイの手法を用いて，ガーナ農村部におけるプランテーション開発の是非について，多様なステークホルダーを考慮に入れながら結論を出させた。具体的には，ロールプレイの手法を用いることで，遠い世界で起こっている課題に対する当事者意識を生徒たちに喚起させていく。その際，図4に示すように開発に対する立場を複数設定し，それらを生徒たちに割り当て，互いに議論させることで，最善の解決策について考えさせた。

小単元7：持続可能な社会の実現へ向けて私たちができることとは何か？

ここでは，ランキングの手法を用いて，持続可能なチョコレートづくりへ向けて複数のプロジェクトの中から適切と思うものに優先順位をつけた[6]。次に，これまでの授業内容を生徒たちに振り返らせながら，「持続可能な社会の実現へ向けて」というテーマでミニレ

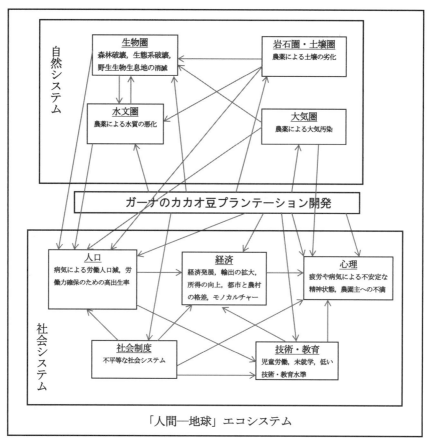

図3　チョコレートに関わる諸課題を軸にした開発コンパス
資料：全グループから出てきたカカオ豆プランテーション開発をめぐる主な課題を，筆者が集約した上で作成した。

ポートを作成させ，その成果についてクラス内で共有するために，一人ひとりにまとめた
内容を発表させた。

3．授業実践の振り返り

　ここでは，抽出生徒 2 名の各小単元終了後に提出された授業コメントの検討からシステ
ム思考の変容について考察していきたい。抽出生徒 2 名の属性は，4 月当初の授業で実施
の質問紙調査において明らかとなった社会系教科に対する学習意欲の高い男子生徒（A 男）
と，同教科に対する嫌悪傾向の強い女子生徒（B 女）である[7]。学習意欲の高い生徒とそ
うでない生徒を被験者とすることで，探究的な学習プロセスや集団的な学習方法を採り入
れた授業実践が，資質・能力の面で両者にどの程度の効果をもたらすのかを検証するため
である。その際，表 2 に示すように，システム思考のツールを用いて授業展開を行った小
単元 3，5，6 における生徒のコメントを取り上げる。
　小単元 3 における生徒のコメントを見ると，A 男は，カカオ豆栽培に従事するガーナの
児童労働の存在に気づくとともに，カカオ豆の生産とチョコレートの消費との関係をき

A：首都・アクラ在住のガーナ政府報道官

カカオ豆プランテーションのさらなる開発は，わが国の発展のためにも不可欠である。なぜなら，外国企業が参入し，税収の確保とともに，人々の雇用も確保されるからである。そのことで，将来的に住民の生活・福祉の向上にもつながる。また，産業の未発達なわが国にとって，国家の財政基盤を強固なものにするには外貨の獲得が不可欠で，カカオ豆の輸出はこれまで以上に推進していかなければならない。先進国への債務を抱えていることもあり，その返済にあたっても，外貨獲得は絶対条件である。

B：スイス・ベルンに本部を持つ大手チョコレート会社社長

ガーナは気候的に質の高いカカオ豆の栽培に適しており，労働力も土地代も安価なため，プランテーション開発をさらに進めていく必要がある。当社のチョコレートは世界中で多くの消費者からの定評がある。とりわけ，質の高いカカオ豆を使った商品は人気の的で，高級志向の人々の生活に彩りを添えてくれる。最近は健康ブームもあってポリフェノールの含有率の高いチョコレートの開発にも力を入れている。世界中の人々の健康と幸せのために，プランテーション開発をさらに進めていかなければならない。

C：チョコレート好きな品川区在住の日本のキャリアウーマン

チョコレートが大好きで，平日は仕事の休憩時によく食べている。休日も家にいる時はおやつにウイスキーを飲む時のちょっとしたおつまみに重宝している。普段はスーパーで国産の安いチョコレートを購入して食べているが，バレンタインデーなどの特別な時には，日頃からお世話になっている会社の上司や現在付き合っている彼氏のためにベルギー産の高級チョコレートを購入している。チョコレートの値段は安い方が良いが，最近は健康にも気を使っているので，少々高くてもより質の高いものを選んで購入したい。カカオ豆の生産国のことなど考えたことはないが，美味しいチョコレートを食べることができるのなら，プランテーション開発はもっと進めてほしい。その国の人たちの収入にもなるのだから。

D：ガーナ北部農村部に在住のカカオ豆プランテーションの経営者

世界中でカカオ豆がブームになっているそうで，カカオ豆の生産をより一層進めていかなければならない。ガーナ政府からの強い要求もある。実は，私も妻と子ども6人を抱えており，日々暮らしていくのがやっとである。一家の生活を支えていくためには，一定のお金が必要である。また，子どもたちにはきちんとした教育を受けてほしいので，仕事で得た収入を無駄にせずに貯金をしていかなければならない。当然ながら，カカオ豆の栽培・収穫・出荷にあたっては，農園で働く従業員のコストを下げざるを得ない。場合によっては長時間ただで働いてくれる子どもを雇う必要がある。彼らは貧しい小作人の家の出身なので，食事と寝床さえ与えておけば十分満足なはずだ。最近，外国企業と深い関係を持つ隣の村に住む農園主が新たなプランテーション開発に乗り出している。こちらとしては商売敵になるので脅威である。

E：イギリス・バーミンガムに本部を持つ人権擁護団体リーダー

カカオ豆プランテーションの開発により，ガーナの豊かな森が伐採され，生態系が破壊されている。プランテーションでの農薬の散布によって川の水は汚染され，環境問題が深刻化する恐れがある。また，プランテーションでは多くの児童労働が問題となっている。彼ら彼女らは学校に行くこともできず，朝から晩までひたすら労働に酷使され，人としての権利が侵害された状態にある。子どもたちの健全な成長のためにも児童労働はあってはならないし，そのための呼びかけを全世界の市民に向けて発信していく必要がある。よって，今の状態でのプランテーション開発には反対である。ただし，フェアトレードで製造されたチョコレートはカカオ豆生産者の利益にもなるので，積極的に推進したい。児童労働によらないフェアトレードチョコレートを製造するためのプランテーション開発はやむを得ないのではないか。

F：カカオ農園で働く隣国・ブルキナファソ出身の10歳の子ども

僕は，7歳の時にブルキナファソ西部のボボデュラッソの家を出されて，ガーナにやってきた。お父さんから家が貧しいので，一家を支えてほしいと言われ，小学校を途中でやめて，知らないおじさんの車に乗っけられて移動してきた。働けば「給料がたくさんもらえ，いつか学校に行かせてやる」という甘い言葉に誘われたからだ。でも，それはガーナの農園に着いてすぐに嘘だとわかった。部屋は6畳一間に他の子どもたち6人で住んでいる。食事は朝と晩だけで育ちざかりの僕たちにとって量が少ない。毎朝5時に起床し，6時から働き，仕事が終わるのが夜の8時過ぎになる。高い木に登ってカカオの実をとるので危険が伴うし，重いものを持つので身体のあちこちが痛くてどうしようもない。農薬もたびたび浴びるので，その影響で度々頭痛がするし，皮膚もただれてしまっている。一刻も早くここを抜け出し自由になりたい。

図4　プランテーション開発をめぐる6つの見解　　資料：筆者作成。

表2　各小単元における抽出生徒のコメント

単元名	抽出生徒のコメント
小単元3	・チョコレートが製造されて自分たちの手もとに届くまで多くの段階を経ていることがわかった。カカオ豆を作っている国でチョコレートが造られるのではなく，各国に輸出されてその国で加工されるので，多くの国が関わっていることがわかった。カカオ豆を育てているのは子どもたちということは考えたこともなかった。（A男） ・自分と同じ年代の子どもたちが学校に行けず，働いていることに驚きを感じた。（B女）
小単元5	・自然，経済，社会についての問題を考えてみたが，それぞれ出てきた問題に関連性があるものが多かった。自分たち先進国が生産国の生活を苦しめていることが目に見えるので，援助する姿勢を持つことが大切だ。（A男） ・全てつながっていることを，図にすることで実感した。自分が直接かかわっていないことでも結果として自分と関わりのあることがわかった。（B女）
小単元6	・プランテーション開発では，自然システムと社会システムに影響が及ぼされることから，両者には大きな関係があった。グループによって視点が異なるため，違った側面からプランテーションについて見ることができた。プランテーション開発の是非をめぐって，解決の難しさを感じた。（A男） ・プランテーション開発の問題点をあげる中で，自分にかかわりのある考えやすいことばかりだった。開発をめぐる見解については自分が思ってもいなかった問題もあるので，解決策について授業を通してもっと理解を深めていきたい。（B女）

注：システム思考に関わるとされる箇所に下線を引いた。
資料：筆者作成。

ちんと把握している。B女は，児童労働の事実を，驚きをもって受け止めただけで，システム思考は未発達の段階にあるものと考える。小単元5における生徒のコメントを見ると，A男とB女のいずれもチョコレートに関わる諸課題どうしの関連性，あるいはそれら諸課題と自分との関連性を見出している様子をうかがうことができる。小単元6の場合，A男については，プランテーション開発に伴い生じる諸課題の関連性について認識するとともに，解決の困難さについても認識している様子をうかがうことができる。B女については，プランテーション開発の問題点を挙げる中で，それらを自分にとって関わりの深い事柄として位置づけていること，課題の解決に当たって，授業を通してさらに追究しようとする姿勢を見せている。

　授業実践終了後，システム思考がどれだけ達成されたのかを検証するために質問紙調査を実施した。表3からは，生徒全員が授業内容について大なり小なり興味・関心をもつに至った。また，生徒らの多くが授業を通して，チョコレートに関わる諸課題について，相互に関連づけながら，総合的な視点からとらえるとともに，その解決策について多面的に考察しながら，課題への当事者意識を高めていったことがうかがわれる。

4．読者へのメッセージ

　本稿では，チョコレートを切り口に，それに関わる地球的諸課題を見出し，その解決策について考察していく過程を通じてシステム思考を育むための地理授業の一端について紹介した。その成果として，生徒たちは，諸課題と自分自身とのつながりを見出すことで

表3　生徒のチョコレートに関わるシステム思考の分析結果

質問項目	回答内容	
1.「チョコレートから世界が見える」の授業内容について興味・関心を持つことができましたか？　4つの選択肢の中から1つだけ選び○をつけてください。	とてもよく持つことができた	5名
	まあまあ持つことができた	3名
	あまり持つことができなかった	0名
	まったく持つことができなかった	0名
2.　あなたが授業内容に興味・関心を持つに至った（持つことができなかった）理由とは何ですか。6つの選択肢の中から3つ選び○をつけてください。	身近なモノがテーマであったため	8名
	物事の関連性が理解できるようになったため	6名
	課題を総合的・全体的にとらえることができるようになったため	5名
	課題への当事者意識が高まったため	4名
	自分たちで調べたり発表したりしたため	1名
	持続可能な社会にできると感じたため	0名

資料：筆者作成。

生産と消費とを結びつけ，諸課題への当事者意識を喚起することができたと考える。なお，冒頭でも述べたように，地理教育の最終目標は，「持続可能な社会を構築していくための足掛かりを築く」ことにある。ゆえに，本実践の発展形として，システム思考を基盤にしながら社会参加能力，ないしは社会形成能力の育成を目指した授業展開も可能と考える。

［注］
(1) 山本（2015）の提唱による。
(2) 実際の授業実践については，2009年版学習指導要領地理Aの内容「(1) 現代世界の特色と諸課題の地理的考察」の項目「ウ 地球的課題の地理的考察」に基づいて，2018年9月21日〜11月9日に実施した。
(3) 二宮書店発行『データブック・オブ・ザ・ワールド2018』を使用した。
(4) ボリス（2005，pp.19-149）とオフ（2007，pp.85-123）をもとに作成した。なお，本実践を進めていく上での下地となる教材の開発にあたっても，これらの文献を参考にした。
(5) NPO法人ACE（=Action against Child Exploitation）発行の映画「バレンタイン一揆」（2012年制作）を使用した。
(6) 「文化祭発表などの広報活動」，「募金活動などの間接的支援」，「森林破壊・児童労働を助長するチョコレートの不買」，「フェアトレードチョコレートの購入」，「授業での開発問題についての学び」，「プランテーション開発」，「ボランティアへの参加」，「環境破壊・児童労働をしない企業の株の購入」，「プランテーション跡地の植林活動」の9つのプロジェクトを設定した。
(7) 抽出生徒は，地理を含めた社会系教科の好き嫌いの有無について「①とても好き」，「②まあまあ好き」，「③どちらでもない」，「④あまり好きではない」，「⑤とても嫌い」の5つの選択肢からなる質問紙調査を行った際に，①，⑤にそれぞれ回答した者である。

［引用文献および教材開発のための参考文献］
オフ，C. 著，北村陽子訳（2007）『チョコレートの真実』英治出版.
ボリス，J.-P. 著，林昌宏訳（2005）『コーヒー，カカオ，コメ，綿花，コショウの暗黒物語—生産者を死に追いやるグローバル経済—』作品社.
山本隆太（2015）ドイツ地理教育におけるシンドロームアプローチの受容とその意義—ESDによる影響を中心として—. 新地理 63（1），pp.39-58.

③ 関係構造図による東南アジア・アフリカの 熱帯地域の比較と熱帯雨林の縮小

中村　洋介

☞ **使用する思考ツール：関係構造図, フロー図**

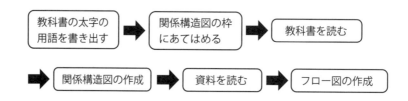

SYSTEMS APPROACH SYSTEMS APPROACH SYSTEMS APPROACH SYSTEMS APPROACH SYSTEMS APPROACH SYSTEMS APPROACH SYSTEMS APPROACH SYSTEMS APPROACH

1.　はじめに

　専門性を問わずシステム思考を展開する授業案はできないだろうか。また，一斉講義型の授業に対して転換が求められている。学習者が主体となり，地域の全体像に気づいて解決策を模索していくためには，どのような授業をデザインしていけばよいだろうか。

　システムアプローチには，全体像を把握するために，自然地理と人文地理の複雑な地理的要素間の関係と全体の構造をあらわした関係構造図を用いる方法がある[1]。そこで，国際理解や地誌的な学習で関係構造図とフロー図を活用することはできないだろうかと考えた。本稿で紹介する授業は，教科書を活用して，高校地理 A「世界の諸地域の生活・文化」の中から東南アジアとサハラ以南のアフリカの熱帯地域を比較し，関係構造図を作成しながら両地域の特徴と問題点を理解する実践である。さらに東南アジア島嶼部の焼畑に着目し，野焼きによる熱帯雨林の縮小の問題点とその改善策をフロー図から探った。

2.　関係構造図の有効性

　地理学者の川喜田二郎は，野外の共同調査で得られた情報をカードに記載し，そのカードを机上に並べ，共通するものや関係性があるものをグループ化したり関連する事象間をつないだりと，地域の構造や問題点を客観的に浮き彫りにする KJ 法を考案した（川喜田，1967，1973）。KJ 法で作成された図は，物質・エネルギーの移動だけでなく人間の行動

をともなう作用を示した関係構造図の一つであると，筆者は考えている。とくに KJ 法は，参加者が主体的で協同的に活動する社会人研修に幅広く活用される手法で，アクティブ・ラーニングとの親和性は高い。

　地理学では，KJ 法のほかにも構造図を用いて地域内の自然と人間のつながりを示してきた。千葉徳爾は，山陽地方のはげ山の成因や黒部川扇状地の農業の地域構造について，関連する事象間の作用をフローチャートでつないだ構造図を作成した（千葉，1966，p.201）。同じ地域の異なる年代の構造図を比較すると，社会変化の影響を受けて構造が転換した部分が読み取れる（手塚，2007，pp.83-86）。構造図は，地理的な全体像を理解できるだけでなく，比較することで地域構造の変化やその要因を視覚的に把握できる特長をもつ。

３．東南アジアとアフリカの熱帯地域の単元で学ぶこと

　教科書は，2012 年発行の帝国書院版『高等学校 新地理 A』を使用した[2]。東南アジアとサハラ以南のアフリカの章を要約すると次のようになる。

《東南アジア》①年中高温多湿な地域と季節風による雨季と乾季をもつ地域がある。②欧米の植民地のもとでプランテーション農園が開発され，モノカルチャー経済が形成された。③経済や文化の交流を目的に ASEAN が発足した。④稲作が盛んで緑の革命とよばれる高収量品種が普及した。⑤マレーシアやインドネシアではアブラヤシ生産を中心とする農村開発が進んだ。⑥工業化が進み，ASEAN 加盟国間の貿易の自由化が進んでいる。

《サハラ以南のアフリカ》①赤道付近に熱帯雨林とサバナが広がり，焼畑が営まれている。②ほぼ全域が植民地となり，ヨーロッパへの農作物，鉱物資源の供給源となった。③民族間の内戦が起こりやすく，政治的に不安定な地域がある。④農村から都市への人口集中が進み，都市ではスラムが形成されている。⑤モノカルチャー経済がみられ，累積債務を抱える国が多く，政府や NGO による援助が実施されている。

　なお，熱帯に関わる単元を本実践に集約した。直前の授業で熱帯気候の特徴や熱帯土壌下での焼畑を扱い，地球的課題として扱われる熱帯雨林の縮小は，本実践に取り入れた。

４．授業の展開

　授業の形式は，40 名の教室で４人ずつの学習班を組む形である。本実践では次のことを習得させたい。①同じ熱帯に位置していても，共通点と相違点がある。②関係構造図の作成と比較によって地域の構造を理解する。③関係構造図とフロー図の作成から，よりよい方向性や自らの行動を考える。

＊第1時　教科書太字から関係構造図を作成しよう

　学習者を10班に分け，半分は東南アジア，半分はサハラ以南のアフリカを担当する。各班に配布したA3判の基図1枚には，気候，植生，土壌，地形，農業，経済，その他の各空欄の枠が用意されている。本ワークでは，教科書の該当するページの太字（重要用語）を付箋に書き出し，基図の各枠内に貼り付けていく（図1）。次に，基図に貼られた付箋紙の用語のうち関係する用語同士を矢印でつなぎ，さらにその両者の作用関係を示す語句を基図に書き込む（図2）。教師からは，書き出した用語のすべてを関係語句や文でつなぐように指示する。作業は集まった情報をまとめるKJ法を援用したものであり，生徒は教科書の本文をよく読み，学習者間で相談しながら，関連づけなければならない。完成した関係構造図は，諸要素間の因果関係などの関連性を示し，そのつながりをジオストーリーとして発表する[3]。ジオストーリーの発表は，東南アジアまたはサハラ以南のアフリカの構造をひと続きのストーリーにしてわかりやすく説明することをねらいとしている。

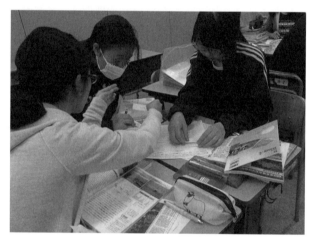

図1　学習班による関係構造図の作成
資料：筆者撮影（2016年11月17日）。

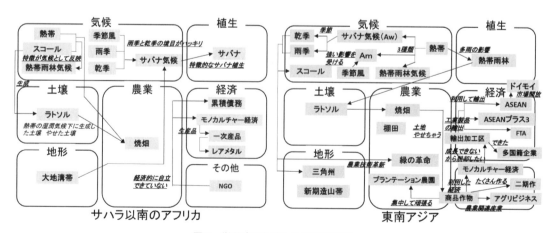

図2　学習班で作成した関係構造図
資料：学習者が作成した構造図を筆者が再現した。

＊第2時　2つの関係構造図から両地域を比較しよう

　熱帯地域を中心とした東南アジアとサハラ以南のアフリカの共通点と相違点について，両地域の関係構造図を比較しながら理解していく。発表の方法は，学習班で作成した関係構造図を他班の学習者に見せながらジオストーリーを紹介する。発表は，各班2人が発表し，2人は他の地域の発表を聴きに行く。一定の時間を取った後，発表役と聴き取り役を交替し，すべての学習者が説明と聴き取りを経験しながら，両地域の諸要素のつながりを比較する。最後に自班に戻って共通点と相違点をワークシートにまとめる。図2では，東南アジアに比べてサハラ以南のアフリカでは経済的に自立できていない構造が浮かび上がる。

　両地域の共通点として，熱帯気候，やせた特徴をもつラトソル，商品作物の輸出とモノカルチャー経済，植民地支配の歴史があげられた。一方の相違点として，サハラ以南のアフリカでは旧宗主国との貿易が現在でも盛んであり，その仕組みがモノカルチャー経済と累積債務につながっているという経済の進展に違いがあることがあげられた。

＊第3時　なぜ熱帯雨林は縮小しているのか？

　両地域に共通する熱帯雨林に着目する。インドネシアとマレーシアの両国で熱帯雨林の縮小が進んでいるのはなぜか，という問いに対して，学習者は教科書を根拠に答える。教科書では，アブラヤシを原料とするパーム油と紙の原料となるアカシアの生産が影響していることが紹介されている。次の内容を展開したうえでフロー図の作成に進む。①原材料欄に「植物油脂」と記載された加工食品を複数提示して共通点を考える。②パーム油の用途と日本に輸出する国を知る[4]。③熱帯雨林と野生動物の生息域の縮小を知る。④シンガポールで発生した大気汚染（Haze）を事例に農園拡大のために森林が野焼きされていることを知る[5]。

　ここまでの学習を踏まえ，教科書と資料集も参考にしながら，「伝統的な焼畑」と「農園拡大のための野焼き」の違いは何か，両者のフロー図を作成し，両者の違いと後者の問題点を説明する。本時は焼畑・野焼きに関わる諸要素を探して関連づけなければならない。

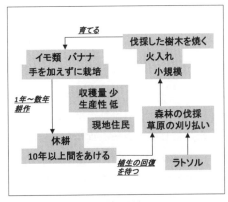
伝統的な焼畑

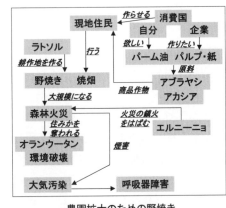
農園拡大のための野焼き

図3　学習班で作成した焼畑と野焼きのフロー図
資料：学習者が作成した構造図を筆者が再現した。

足がかりとして既習の数語の語句と，自分，企業，現地住民の３つのワードを提示し，それらと学習者自らが調べたワードを関係づけていく（図３）。

＊第４時　焼畑と野焼きの違いは何か？　持続可能な構造にするにはどうするか？

　第３時で作成したフロー図を使い，第２時と同じように自班と他班の図を比較したうえで，焼畑と野焼きのフロー図の違いを視覚的に見つける。次に，学習班のフロー図を全体に提示しながら，焼畑と野焼きの仕組みと生産から消費までの違いを共有する。図３は学習者が作成したフロー図である。「伝統的な焼畑」は，地域内で循環する持続可能な農業として表現されているのに対し，「農園拡大のための野焼き」は，生産から自分までの流れの過程で最終的に大気汚染を生じていることなど，資源収奪型として可視化されている。

　本学習の最後に，熱帯雨林が縮小している現状を踏まえ，フロー図をもとに農園が広がる地域を持続可能な構造にするにはどうしたらよいか，現地住民の経済的な安定を考慮しながら班で協議する。

5．学習者の反応

　終了後のアンケートによると，76％の学習者が関係構造図の作成や比較によって理解が得られたと回答した[6]。一方で，24％の学習者は，理解できなかった，あるいは難しかったと回答している。以下は，理解が得られたと回答した学習者の感想の一部である。

・ふせんで図にすることで，視覚的にもすごくわかりやすかったです。また，お互いアジアチームとアフリカチームで説明し合って伝えるのが楽しかったです。
・ひとつひとつの単語をつなげていくのはよく覚えられるし，説明することでしっかり理解できた。
・全てのふせんをつなげるのは大変だったけど，最終的に全てつながったので，世界がつながっている感じがしてよかった。
・東南アジアとアフリカの細かい違いが分かった。こういうのは地理で勉強しないとわからない気がする。
・地理的な要因が政治につながっていることがわかった。

　システム思考を取り入れているドイツの地理教育では，一筋の流れに乗った単純な構造から複雑で多様な構造を理解していく，段階に応じたコンピテンシーを提示している（山本，2016）。本実践に参加した学習者は，流域の河川・海岸の各地形が土砂移動の系でつながり，分水路などによってその系が乱れて海岸侵食の問題を生じている比較的単純な構造をフロー図で示した経験がある（中村，2016）。しかしながら，難しかったと回答した24％の学習者がいたことを踏まえると，関係構造を図化する技能を身に付けるためには，教師が定期的に関係構造図やフロー図を学習に取り入れる必要があるのではないだろうか。

6．読者へのメッセージ

　地理学者の中村和郎によると，地球表面を理解するには，諸要素が複雑に関係し合うシステム（複雑系）としてとらえるアプローチと，地球表面を諸部分に分割するアプローチがあるという（中村，2004）。前者のアプローチは，地域に広がるあらゆる地理的事象を生態系として理解するもので，図２の自然と人間の関わりを含めた関係構造図が目指すものである。人間と自然環境との複雑な相互依存関係を紐解く学習の中で，特に教科書の重要用語などの語句を活用した関係構造図やフロー図の作成とその比較を提案したい。教科書や副読本などを活用すれば，教師，学習者とも専門性または既習，未習に関わらず，複雑系を本文と図を根拠に思考，判断する作業が可能である。当然のことながら他地域の学習でも応用可能な方法である。また，作成した関係構造図と学習者による説明は表現活動として評価ができ，地域の課題の仕組みの理解とともに，学習した地域の課題解決活動へとつながることが期待される。

[注]
(1) たとえば，本書の「田中実践」（p.47）に示された図が関係構造図の代表例である。
(2) 使用した教科書のうちの関連する章は，2章「人間生活を取り巻く環境」，3章「世界の諸地域の生活・文化」，4章「地球的課題と私たち」である。
(3) ジオストーリーとは，ジオパークの見どころについて，地域の歴史，文化，生態系，自然環境と地球科学とを有機的に関連づけて一連の物語にし，ガイドが訪問者に伝えるジオパークの要である。詳細は，大野（2011）を参照のこと。
(4) ①・②は，開発教育協会（2005，pp.1-3）を参考にした。
(5) インドネシアの森林火災は，企業のプランテーション開発の火入れであるといわれるが，焼畑がプランテーションへ延焼しているという主張もある（たとえば，藤原，2016）。
(6) 授業を実践した2クラス（有効回答数76名）において調査した。

[引用文献および教材開発のための参考文献]
荒井良雄ほか（2012）『高等学校 新地理A』帝国書院.
大野希一（2011）大地の遺産を用いた地域振興－島原半島ジオパークにおけるジオストーリーの例－. 地学雑誌，120（5），pp.834-845.
開発教育協会（2005）『パーム油のはなし 改訂版』開発教育協会.
川喜田二郎（1967）『発想法』中央公論新社.
川喜田二郎（1973）『野外科学の方法』中央公論新社.
千葉徳爾（1966）『地域と自然』大明堂.
手塚　章（2007）人間と地球環境：人文地理学の基本的視点. 松岡憲知ほか編『地球環境学』古今書院，pp.83-86.
中村和郎（2004）地理学，地理教育と地理的技能. 地理科学59（3），pp.171-175.
中村洋介（2016）「地形系」からとらえる平野・海岸地形の学習－高等学校地理の参加型学習を通じたESD－. 新地理64（3），pp.1-15.
藤原敬大（2016）インドネシアの森林火災. 森林科学76，p.49.
山本隆太（2016）地理学習におけるシステム思考を用いたコンピテンシー開発論に関する一考察－学問研究と教科教育の架橋－. 教育と研究34，pp.89-106.

① 地理的な見方や考え方を働かせて
　台風の被害を軽減する学習指導
―システムアプローチの視点を取り入れることを通して―

池下　誠

☞ **使用する思考ツール：関係構造図**

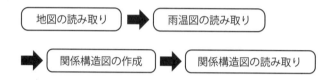

SYSTEMS APPROACH SYSTEMS APPROACH SYSTEMS APPROACH SYSTEMS APPROACH SYSTEMS APPROACH SYSTEMS APPROACH SYSTEMS APPROACH SYSTEMS APPROACH

1．システム思考を位置づけた学習指導

　2017年版学習指導要領では中学校社会科地理的分野において，新たに防災が学習内容として位置づけられるようになった。高等学校においても，2022年度より「地理総合」が必修化となり，その中にも防災学習が位置づけられるなど，地理的認識を深めるとともに，防災に関する知識を学ぶ機会が，従来よりもはるかに多くなる。むろん，これまでも，日本の地形や気候と関連づけて自然災害を学ぶ学習指導が位置づけられていた。しかし，そこには，自然災害に対してどうすればよいかを考えるといった視点は，ほとんどみられなかった。防災の視点や問題を取り上げ，それらの解決策を模索することは，持続可能な社会を構想することにもなる。

　温暖化に伴う気候変動によって，今後ますます大型の台風が上陸したり大雨が降ったりすることが予想されている。これらの被害を少しでも軽減するためには，多くの人が，地理的な認識を深めるとともに，「地理的な見方や考え方」を働かせることによって，より安全な行動につなげることのできる資質・能力を育成することになると考えた。そこで，地形や気候と人間との関係を，地図や関係構造図を使ってシステム的に考えさせるなど，防災の視点を位置づけた学習指導を行うことにした。

　持続可能な社会の形成にあたっては，地域ごとに課題を考えるとともに，それらの課題の解決策を考える学習指導が必要である。メドウス（2015)は，複雑に絡み合っている要素を関連づけ，可視化することによって問題の解決を図ることが大切であると述べてい

る[(1)]。そして持続可能な社会を形成するために育みたい力としてシステム思考が位置づけられていること，複雑で予測不可能なこれからの時代には，このような思考がますます必要になることを指摘する。

　本学習指導では，まず日本の地形や気候の特色を明らかにし，明らかになった日本の地形と気候とを関連づけるなど，地理的な見方や考え方を働かせることを通して，日本のどこでどのような自然災害が多く発生しやすいのかを考えさせた。次に，台風19号[(2)]に対して，どのような行動を取ればよかったのかを，地球温暖化と関連づけてマルチスケールな視点でとらえさせる学習指導を実施した。

2．単元の指導計画と授業の実際

（1）単元の指導計画

　本学習指導では，単元名を「日本の自然環境と災害」と設定した。これは新学習指導要領中学校社会科地理的分野「C 日本の様々な地域」の「(2) 日本の地域的特色と地域区分」に相当する。

　また単元のねらいを，以下のように設定するとともに，学習指導計画については，表1の通りに設定した。「日本の位置やスケール，海洋に囲まれた日本の国土や地形と気候とを関連づけてとらえるとともに，どこでどのような自然災害が多く発生しているのかを明らかにする。また，自然災害に対して，どのように備えるべきかを考える。」

（2）各時間の流れ

＊1時間目：「1．日本の位置とスケール」

　「環日本海地図」や日本の領土と排他的経済水域が描かれた地図などをみて，日本がどのような位置やスケールのなかにあるのかをとらえさせる。また，日本の南端，西端，東端，北端がどのような地域なのかを調べる。日本の領土の境目で，近隣諸国と問題になっている地域について，どのような問題になっているのかを理解させる。

＊2時間目：「2．山がちな国土」

　コンピューターグラフィックの海底山脈の日本地図をみせ，日本列島が海底からそびえる山脈であることを気づかせる。世界の造山帯の分布を読み取らせ，環太平洋造山帯の一部であることをとらえさせるとともに，日本列島は海底からそびえ立つ巨大な山脈であることに気づかせる。さらに世界の地震の分布図とプレートとの関連を示す地図をみせ，プレートの境目に地震が集中していることをとらえさせる。また，日本は4つのプレートがぶつかっている地域であるため，地震が多いことを気づかせる。

＊3時間目：「3．雨の多い気候」

　ケッペンの気候区や雨温図から，日本の気候をとらえさせる。日本は，北海道や東北地方の一部が亜寒帯気候で，多くが温帯になっていること，南北に長い日本は，沖縄など南西諸島と北海道とでは気候の差が大きいことを気づかせる。また景観写真をあわせてみせ，

表1　単元「日本の自然環境と災害」の学習指導計画（全6時間）

小単元	学習目標	主な学習内容	探究プロセス
1. 日本の位置とスケール	・日本の位置やスケールを巨視的にとらえる	・環日本海地図や沖縄中心の逆さまな地図などを通して，日本の相対的なスケールをとらえる ・日本の領土や排他的経済水域を含んだ地図から日本の大きさをとらえる ・日本の東西南北の端の位置や隣国と問題になっている地域を明らかにする ・尖閣諸島や竹島，北方領土など，近隣諸国と問題になっている地域をとらえる	・環日本海地図や沖縄中心の逆さまな地図の読み取り ・日本の領土と排他的経済水域の地図の読み取り ・日本の東西南北端や近隣諸国と問題になっている島などの景観写真の読み取り
2. 山がちな国土	・日本の地形の構造をとらえる	・東日本大震災の映像を見る ・周囲を海に囲まれた島国 ・海底山脈から日本列島をとらえる ・環太平洋造山帯の一部をなしている ・地震や火山の多い国土 ・津波の被害が大きいリアス海岸	・海底山脈や世界の地震の分布とプレートの関係を示す地図の読み取り ・東日本大震災における地震の分布と津波の被害の映像資料の読み取り
3. 雨の多い気候	・日本の気候を構造的にとらえる	・雨温図と関連づけて，日本の気候の特色をとらえる ・南北の気温差 ・日本海側と太平洋側との気候の違いをとらえる	・雨温図や景観写真の読み取り
4. 短くて急な河川と平野	・河川がつくる日本の地形の特色をとらえる ・日本では人口がどのように分布しているのかをとらえる	・南北に細長く山がちな国土 ・降水量の多い気候 ・短くて急な川 ・川の浸食，運搬，堆積作用によって形成される三角州や扇状地 ・狭い低地に集中する人口	・日本の平野の分布図と川の分布図との読み取り ・大陸にある川と日本の川」との比較 ・三角州と扇状地の模式図の読み取り
5. 自然災害の多い国土	・地震や風水害，雪崩，干ばつ，冷害など自然災害のメカニズムをとらえる	・4つのプレートが集中し，地震などの地殻変動の多い国土 ・三陸海岸：リアス海岸→地震 ・太平洋側：夏に雨が多い→土砂災害，洪水 ・日本海側：冬に雪が多い→雪崩 ・瀬戸内沿岸：降水量が少ない→水不足 ・東北地方の東側〜北海道：冷害	・日本の地形や気候とを関連付けた関係構造図の作成 ・作成した関係構造図を通して，日本のどこでどのような自然災害が起こるのかの考察
6. 台風19号と防災	・台風19号の被害を軽減するには，どうしたらよいかを考える	・東京の年降水量が1,500mm〜1,600mmであることを把握する ・狩野川台風の時に380mmの雨が降り，各地で洪水が起きたことに気づく ・台風19号では箱根で1,000mmを超える雨が降り，東日本の多くの地域で500mmを超える雨が降ったことをとらえる ・このような災害に対して，どうしたらよいかを考える	・台風19号の予想される進路の読み取り ・東京の雨温図，予想される降水量などと関連付けて，当事者，気象庁及び気象予報士，自治体の取るべき行動の考察

資料：筆者作成。

季節風の影響が大きい日本は，日本海側と太平洋側とでも，気候の差が大きいことをとらえさせる。一方，瀬戸内海沿岸は，温暖で年間を通して降水量が少ないことを気づかせる。

＊4時間目：「4．短くて急な河川と平野」

　関東平野と中国の華北平原などとを比較すると，日本の平野がいかに小さいかがわかる。この点を踏まえて，日本の河川の分布を示した地図と平野の分布を示した地図との関連を考えさせる。日本は川が短く，川の下流に平野が形成されていることが多いことに気づかせる。川の始まりが日本列島の真ん中にあることから，日本の中心部には山があることがわかる。「大陸にある川と日本の川」とを比較した図をみせ，日本の河川が短くて，急な流れが多いことをとらえさせる。また，河川には，侵食，運搬，堆積作用があり，河岸段丘が形成されたり，扇状地や三角州が形成されたりしていることを気づかせる。

　日本の多くの人口と地形との関連を示した模式図から，わが国は国土の75％が山地で，残りの25％が平野で，そのうちの11％の低地に人口の50％が集中していることをとらえさせる。また，低地の多くは川の河口部に形成された沖積平野であり，そこに日本人の半分が暮らしている。そのため，日本人の半分は洪水や高潮などの被害に遭いやすいことに気づかせる。また山地にも20％の人が住み，土砂災害などの危険があることも理解させる。

＊5時間目：「5．自然災害の多い国土」

　日本において古くから言い伝えられている「地震，雷，火事，親父」という諺から，日本人がどんなものを怖れてきたかを考えさせる。日本では，いつ発生するかわからない災い，なかでも自然災害を怖れてきたことに気づかせる。裏を返せば，そのことは，日本には古くから自然災害が多い国土であったことがわかる。そこで，これまでに学習した日本の地形や気候の特色との関連づけから，どこにどのような自然災害が多く発生する構造になっているかを，関係構造図の作成を通して，さまざまな自然の災害が多い国土であることをとらえさせる（図1）。

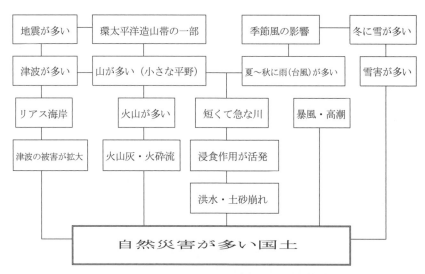

図1　日本の自然環境と自然災害の関係構造図
資料：筆者作成。

　以下は，授業後の生徒の感想である。

・地形と気候とを関連付けて，日本の自然災害を日本地図に位置づけてみると，どこで，どんな自然災害が起こるのかがわかりやすかった。
・南北に細長い日本列島は，南北に細長い海底からそびえ立つ山脈である。周囲を海に囲まれ，その上を冬は北西季節風が夏は南東季節風が吹き，私たちの生活は湿った海からの風と日本の中央にそびえる山脈の影響を強く受けていることが，地図や関係構造図を使うことでよくわかった。
・気候や地形との関係で，日本には地域ごとにさまざまな自然災害があり，古くから日本人は，それらを畏怖してきたことがよくわかった。

＊6時間目：「6．台風 19 号と防災」
　2019 年 10 月に伊豆半島に上陸した台風 19 号が，甚大な被害をもたらした。なぜこのように甚大な被害になったのか，どうすれば，被害を軽減できたのかを考察することが，将来同じような台風が襲ってきた時に，適切な行動をとることにつながることになると考えた。
　また，今回の台風接近では，十分な避難勧告や災害対策を行うことのできなかった地方自治体への批判も少なからず起きている。ゆえに，各自治体ではどんな避難勧告や防災対策を採るべきだったのかを検証することも必要であると考え，各自治体の防災担当職員としてどうすべきだったのかを考えさせる指導を行い，日頃の備えと、緊急時の行動という2つの側面から考えさせた。
　以下に示すマスコミの避難勧告の報道がきわめてあいまいで，本当の意味での避難行動につながらないのではないか，という筆者の問題意識もこれを後押しした。

> 気象庁[(3)]
> 「1958 年の土砂災害が多発し河川の氾濫が相次いだ狩野川台風に匹敵するような強さの台風である可能性があります」「西日本から東北にかけて記録的な暴風や大雨となることが予想されます」「場合によっては大雨特別警報を出す可能性があります。各気象台の発表する警報，注意報によく留意し，自分の命と大切な人の命を守るようにしましょう。」
> NHK ウェザーニュース[(4)]
> 「今回は関東甲信地方でも，400mm ～ 600mm の記録的な雨量になり，大規模な災害につながる恐れもあります。危険が想定されている場所では早めの積極的な避難をお願いします。」

　前時に作成した関係構造図の一部を活用して，台風 19 号と似た経路をたどり，甚大な被害をもたらした 1958 年の狩野川台風と比較し，地域住民として，気象庁の職員および気象予報士として，自治体の防災担当職員として，どう行動すべきだったのかを考えさせ

る学習指導を行った。生徒は，地形と気候とを関連づけて，過去に起きた狩野川台風との比較を通して，今回の台風被害を予想させた。その上で6人の班を2人ずつに分けて，それぞれの班の「1番，2番」の生徒が地域住民，「3番，4番」の生徒が気象庁職員(気象予報士)，「5番，6番」の生徒が自治体の防災担当職員としての立場で，どのような行動をとればよかったのかを，考えさせた。各立場で考えさせた後，班に戻ってそれぞれ話し合った内容を報告させるという，ジグソー法を用いた学習指導を行った。

　この授業後の生徒の感想が以下である。

・緊急時に対する日頃の備えと具体的な行動につながる呼びかけや連絡体制を整えておくことが大切だと思った。また，地球温暖化が台風に影響するなんて，今までは考えてもいなかった。
・地球温暖化で海水温が高くなったり海面が上昇したりすると，巨大な台風が頻発したり，海沿いの低地に住んでいる人の生活圏が脅かされるようになるなど，身近な防災の問題と温暖化への対策の両面を早急に考える必要があると感じた。
・今回の台風15号[5]や19号の被害が大きかったことを，地球温暖化と関連があることが構造図を使うことで気付くことができた。自分たちの身の回りの安全を考えるとともに，地球温暖化への対応を急ぐ必要があると思った。

　本校の2年生は，4学級で構成されている。最初の3クラスは，Aの関係構造図のみを使った指導を行った。しかし，最後のクラスは授業を行っている途中で，生徒が，「今までの台風は九州や西日本に上陸して北上していくことが多かったのに，今回の台風は関東に上陸し，東北にも多くの被害を与えた」，「今回，立て続けに大型の台風が関東地方を直撃し，関東地方が大きな被害を被った」と言うと，「これって温暖化のせいじゃないか」とつぶやいた生徒がいた。

　「温暖化なら，もっと地球全体で考えたほうがいいのではないか」という意見や「日本だけでなく，グローバルな視点を入れたほうがいい」といった意見もあった。これらの考えに多くの生徒が賛同すると，「これまでの構造図に地球規模で考える視点を入れたほうがいいのではないか」と言うので，生徒たちにどうかを尋ねると，「いいと思う」といった声が多かった。そこで，従来の関係構造図に，地球温暖化などグローバルな視点も関連づけて，台風19号に対する対策を考えさせた。

　生徒が話し合いをする中で，図2中のAの構造図にグローバルな視点としてBの構造図を加えたりしながら，台風19号に対する備えを検証した。Aだけだったクラスと異なり，Bを取り入れたクラスでは，温暖化すると「海沿いの低地の浸水のリスクが高まる」，「海に囲まれている日本は危ないのではないか」，「海水温が高くなり，勢力が強い台風が頻発する」，「関東に上陸する台風の回数が増える」，「練馬区の臨海の施設が被害を受けたり，スキー教室で行く長野のゲレンデが土砂崩れで使えなくなったりするなど，自分たちの身の回りにも危険度が高まっているのではないか」，「もっと真剣に防災のことを考えたほう

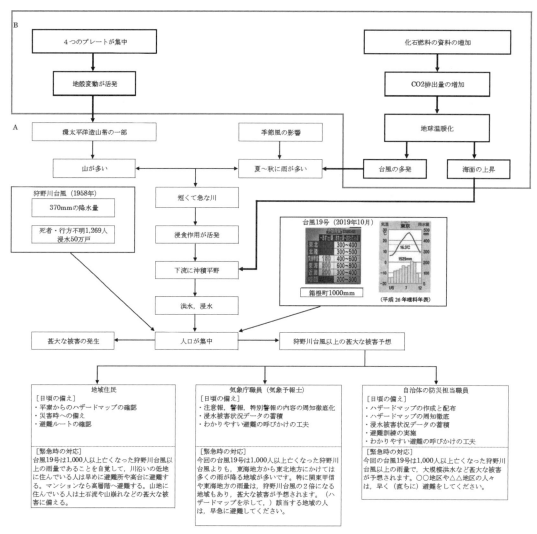

図2　日本の自然環境と台風19号への対応
資料：筆者作成。

がいい」といったことや，「温暖化対策を早急に実施しないと手遅れになる」というように，身近な問題と地球規模の問題の両方の視点からそれらの問題を関連づけて，切実感をもってとらえさせることができた。

3．読者へのメッセージ

　今回，地形や気候と人間との関係を考えたシステム思考を取り入れて，日本には，どのような自然災害が多く発生するのかを考えさせる学習指導を行った。生徒に関係構造図を使って思考させるとともに，地図を活用することによって，どこで，どのような自然災害が多く発生するのかを，視覚的にとらえさせることができた。すなわち，地理的な見方や考え方を働かせて，災害に対してより適切な判断や行動をとれる人材を育成することが必

要なのである。また，具体的に災害の時に，どのような行動をとるべきかを，事前にそれぞれの立場で考えておくことが，自然災害のリスクを軽減することにもなるといえる。

　一方，台風 19 号に対する備えを考えさせる中で，その背景に地球温暖化の問題があることに気づかせると，地球規模のスケールからもこの問題をとらえさせることになり，生徒が自分ごととして考えるようになったことがとらえられた。関係構造図や地図を活用してシステム的に思考することによって，背景にあるさまざまな問題に気づかせることに有効であった。すなわち，身近なレベルからその背景にある地球規模の問題まで関係構造図を使って，マルチスケールにとらえさせることが，複雑に絡み合ったさまざまな問題を，自分ごととして考えさせることになったといえる。

[注]
(1) メドウズ（2015, p.27）は、世界が複雑で変化が激しい社会において，システム思考というレンズを通して問題の解決策を探る思考法が求められていると述べている。
(2) 2019 年 10 月 12 日，日本列島に上陸して，関東甲信越，東北地方に記録的な雨を降らせ，土砂災害や河川氾濫など甚大な被害をもたらした。
(3) YouTube「気象庁が会見　台風 19 号 12 日上陸へ（2019 年 10 月 10 日公開）」https://www.youtube.com/watch?v=aBoJvZFD0J4（最終閲覧日：2019 年 11 月 15 日）
(4) NHK NEWS WEB「ニュースの見出し（2019 年 10 月 11 日公開）」https://www3.nhk.or.jp/newshtml/20191011/k10012122451000.html（最終閲覧日：2019 年 11 月 15 日）.
(5) 2019 年 9 月 9 日に関東地方に上陸し，千葉県を中心に甚大な被害をもたらした。

[引用文献および教材開発のための参考文献]
文部科学省（2018）『中学校学習指導要領（平成 29 年告示）解説 社会編』東洋館出版社.
文部科学省（2019）『高等学校学習指導要領（平成 30 年告示）解説 地理歴史編』東洋館出版社.
メドウズ，D. H. 著，枝廣淳子訳，小田理一郎解説（2015）『世界はシステムで動く 今起きていることの本質をつかむ考え方』英治出版.

2-4　自然環境と防災

②「土砂災害と砂浜後退の関係」を考察する

河合　豊明

☞ **使用する思考ツール：フロー図**

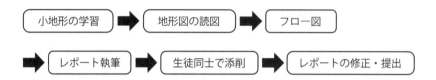

SYSTEMS APPROACH SYSTEMS APPROACH SYSTEMS APPROACH SYSTEMS APPROACH SYSTEMS APPROACH SYSTEMS APPROACH SYSTEMS APPROACH SYSTEMS APPROACH

1．高校地理におけるシステムアプローチの意義

　本報告では，高校2年地理Bで取り扱う小地形，自然災害について，フローを明確にするシステムアプローチを通して，生徒自身が自分なりに自然現象の関係性を咀嚼し，理解度を高めることを試みる。この一連の活動を通して，システムアプローチに基づいた考察が，発展的な内容の理解と言語化のための一助としての役割を果たしていることを示す。さらに，生徒の思考力・判断力を向上させることで，受験指導の一環としてシステムアプローチの手法が有用であることを紹介する。

2．授業の進め方

　今回の実践は，小地形に関する授業の総括として実施した。対象生徒は高校生女子45名のクラス，30名のクラスの合計2クラス75名である。全7回の授業のうち，前半5時間は講義形式で実施し，後半2時間に1〜3名でのワーク形式として実施した。実践者は，単元ごとに総括として，あらかじめ提示した条件に沿った形で，レポート課題を課すというワーク形式を採用している。本校では2013年度からiPadを授業で活用しており，今回は授業スライドの閲覧に加え，Webブラウザでの検索，Googleドキュメントでのレポート執筆および添削を実施した。ワーク形式を1〜3名で行うという緩やかな指定をしている背景としては，黙々と1人で考え抜きたいという生徒がいる一方で，互いに協力して視

野を広げ，考察を深めたいという生徒が一定数いるため，双方の自発性と意思を尊重するという観点から，2016年以降継続している。生徒がレポート執筆を行う過程で，言いたいことが伝わる文章となっているか，論理が成立しているかという観点から，他の生徒に目を通してもらい，お互いに添削する機会を設けている。これはグループ，個人を問わず行い，生徒はお互いの添削を踏まえて加筆修正を加え，授業担当者にレポートを提出する。

3．授業の内容（6，7時間目を中心に）

*1～5時間目

表1の順に沿って，小地形に関する講義と，地形図や画像を用いた演習を実施した。

*6時間目

小地形の学習の総括として，以下の①～⑥のワークを実施した。

①ハザードマップのうち洪水浸水想定区域を表示し，旧版地形図と重ね合わせた地図（図1）を見せることで，必ずしも「海から近い地域の標高が低い」わけではないことを確認し，干拓地と埋立地の高低差の関係を理解させる。

②ハザードマップのうち，土石流危険渓流・急傾斜地崩壊危険箇所の区域を表示した地図を見せることで，首都圏の中心部に暮らしている生徒に対して，土砂災害は傾斜のある地域ならばどこでも起こりうる自然災害だと認識させ，場所によって危険性を認識すべき自然災害が異なるということを実感させる。

③上記2つの事象について関係するものを黒板に書き出し，どのように関わり合っているか生徒の考えを聞きながらフロー図（図2）を黒板に描く。そのようにして，フロー図を用いた説明手法を理解させる。

④2014年8月20日未明に発生した広島豪雨で斜面が崩壊した地域の航空写真を見せ，斜面地は軒並み崩壊していることを理解させる。同時に，1974年の同じ地域の航空写真を見せ，平地には田畑が並び，住宅は概ね斜面地に建ち並んでいることを把握させる。その上で，あらためて航空写真を撮影した範囲と，周辺の洪水浸水想定区域を見せ，

表1　各授業の内容

1時間目：削られる大地 　　侵食というキーワードに関連のある地形として，V字谷・斜面崩落・氷河に関して，それぞれの成立過程を説明し，写真と地形図の判読練習を実施。
2・3時間目：堆積していく大地 　　堆積というキーワードに関連のある地形として，扇状地・氾濫原・三角州・砂浜地に関して，それぞれの成立過程を説明し，写真と地形図の判読練習を実施。
4・5時間目：隆起・沈降と小地形の関係 　　隆起や沈降といった，地殻変動の影響を受けた地形として，リアスとフィヨルド・段丘・サンゴとカルストの関係を説明し，写真と地形図の判読練習を実施。
6・7時間目：小地形の学習の総括として，フロー図を用いてグループごとにワーク形式で地形と自然災害の関係をまとめ，課題レポートの執筆と相互に添削を実施。

資料：筆者作成。

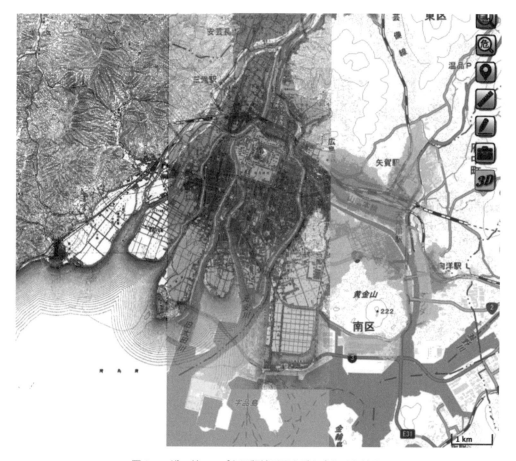

図1　ハザードマップと旧版地形図を重ね合わせた地図
資料：重ねるハザードマップおよび 1925 年版旧版地形図「広島」より筆者作成。

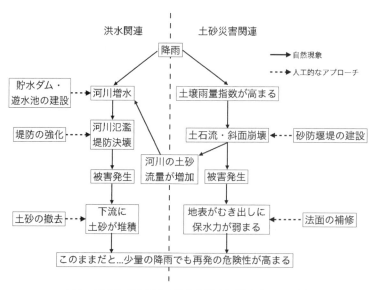

図2　洪水や土砂災害の発生と防止に関するフロー図
資料：筆者作成。

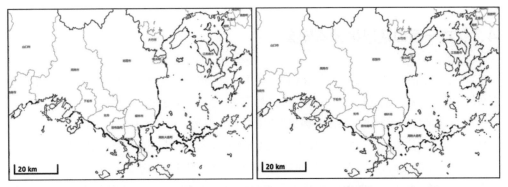

図3　1974年（左）と2010年（右）の砂浜の位置（太線の海岸部）を示した地図
資料：地図・空中写真閲覧サービスの1974年空中写真をもとに筆者作成。

1974年当時は斜面崩壊より洪水の方が被害が大きくなる可能性が高かったため，斜面地での宅地開発が進んだということを理解させる。

⑤瀬戸内海沿岸で，1974年と2010年の位置を示した地図（図3）を見せ，砂浜海岸が半減していることを把握させる。この地域での砂浜の減少は，埋立て開発が進んだばかりではなく，砂浜の後退を防ぐために護岸工事が行われたことを理解させる。

⑥④と⑤の情報を組み合わせ，1974年から2010年の間に，洪水よりも斜面崩壊の被害を受ける可能性が高くなったことと，砂浜の後退が進んだことが，どのように関わっているかを考察し，フロー図を生徒自身が描く。フロー図をもとに思考を整理した上で，レポートとしてまとめるよう指示する。この際，生徒全員が持参しているタブレット端末を用いて調べさせ，レポートの文章とフロー図の画像は，共有フォルダにアップロードするよう指示をした。

＊7時間目

6時間目の続きとして，課題レポートの執筆と相互添削を実施した。

教科書やインターネットを活用し，上流のダム建設によって，斜面に近接する地域での斜面崩壊と洪水の危険度が逆転したという事象と，砂浜の後退という事象の関連性についての調査を継続する。フロー図を描けた段階で，フロー図を撮影した画像を共有フォルダにアップロードし，課題文の執筆にとりかかる。授業の前半が終了した時点で，各自隣の班が執筆した課題文を添削し，ループ図と文章の間に齟齬がないか，説明は十分かどうかコメントを書き加える。途中で一度，生徒同士での添削を行わせることで，自分が，他者から理解してもらえる説明だと思い込んでいることを見つめ直すきっかけになるのと同時に，他者の考察を聞いて自分の思考にうまく取り入れる機会になると考えている。最後に，隣の班に添削された文章を修正し，最終的なループ図と文章を，最終版として共有フォルダに提出し，教員からの評価を受ける。

4．フロー図の活用による効果

　フロー図を活用したことで，生徒にはどのような効果が見られたか。ここでは，生徒から教員に提出された最終レポートの一部を提示し，その効果を検証したい。

・1974 年までは崖崩れより洪水が頻繁に起きていたため，川に流れ出る土砂の量が多かったが，ダムの建設によって 2010 年には洪水より崖崩れの方が多くなっていることから，土砂の供給量が減ってしまい砂浜が後退していったと考えられる。

・崖崩れ対策のため，砂防堰堤を川の上流に作った。砂防堰堤とは土砂を貯えたり，川底の勾配を緩くして河川の侵食を防ぐ効果がある。その結果，洪水の発生は抑制されたが，土砂が下流へ流されなくなり，土砂が堆積しなくなったため，砂浜が後退していったと考えられる。

　多くの生徒は，この2つの例と同様に，フロー図と文章の内容が合致しており，斜面が崩壊する危険性が高くなったことと，砂浜の後退についての関係性を適切に説明できている。生徒たちが描いたフロー図の代表例（図4）を見ると，事象1つ1つの順序が適切に並べられているだけでなく，どこで起きる事象であるかが明確にされており，以前と今とで何がどのように異なるのかが一目瞭然となるようにまとめられている。一方で，生徒同士でチェックを行う前段階でのレポートは，以下の状態であった。

・現在は，崖崩れが昔より多くなったことで背後が崖になっている場所に住む人が減少し，平地に住む人が多くなった。そのため，住宅街への洪水を防ぐために砂浜がある場所に堤防を作ったことで，砂浜がなくなった。

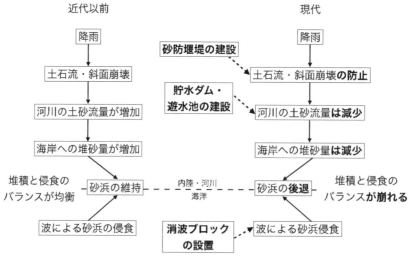

図4　砂防ダムと砂浜の後退のフロー図
資料：筆者作成。

・1974 年頃は洪水の被害が崖崩れよりも多かったことで，堤防が河口付近に，ダムが洪水を防ぐ対策として作られた。そしてそれまでに河川が運搬し堆積していた土砂の量が減ったことで，波がどんどん砂浜を削って行ってしまったから。

・1974 年から 2010 年にかけて土砂崩れが増加し，それを防止しようとダムをつくったため土砂の供給量が低下した。また，台風や潮流などにより海岸の砂浜などが運び去られてしまう海岸侵食により土砂の流出量が供給量をさらに上回ったから。

　この３つの例のように，高潮と洪水を混同しているのか，堤防は海にあるものというイメージに固執している場合があるほか，洪水を防止するためというダムの建設理由や背景が曖昧になっている記述が見られた。このような誤りや説明の甘さは，前述の１人で執筆している場合も，３人班で執筆している場合も関係なく，同様に見られた。その後，生徒同士で添削をすることで，見落としがちな基本的な内容の確認につながっている。

　フロー図を描くことに対する生徒からのコメントの多くは「しっかりと考えなければ図が描けないので大変」というものであるが，次には「自分が描くときは大変だったが，他の班の文をチェックする時に図を見れば，書かれていることがすぐに分かった」というコメントが多く寄せられており，複雑に絡み合っている事象を言語化する際の補助として，フロー図は大きな役割をもっているといえる。

5．評価

　評価に関しては，定期テストにおける点数が評価の大部分を占めるため，この取組みを始めた直後は適切な評価を行う手段がなく，生徒の課題レポートに対するモチベーション低下が問題であった。そこで現在は，本実践の後に実施する定期テストにおいて，課題レポートを応用させ，類似した事例を説明させる問いや，フロー図の一部のみが示されていて，その前後を説明させる問いを採用している。今回の実践においては，ナイル川河口付近の海岸線の後退と，アスワンハイダムの関係について，ダムを建設した背景，ダムの建設によってどのようなメリットがあったか，ダムの建設と砂浜の後退がどのように関わっているかについて，各事象の関係性と順序が適切であるかどうかを，評価基準として論述させた。なお，定期テストでは，フロー図の描画は求めていない。

6．読者へのメッセージ

　フロー図を描き，システムアプローチに基づいた考察を行うことで，生徒たちは斜面地あるいは河川沿いの地域で起きている事象と，沿岸部で起きている事象を結びつけて考えることができた。また，今回のワークを通した最終目標は，内陸部での事象と，沿岸部での事象を，自然災害を通すことで２つがどのように関わっているかを言語化するということにあり，フロー図は２つの事象をいわばつなぎ合わせ，論理的に説明ができるように並

べ替えをするという役割を果たしたと言える。

　一方で，今回の実践を通して，以下の2つの課題を見出すことにつながった。

　1つ目は，今回の事例のように侵食・堆積という2つのキーワードだけでなく，気候や経済活動といった多数の事象が絡み合っている場合は，図が非常に複雑なものとなり，論理的思考を養う機会として適切かどうかが不明瞭であること。また，フロー図が複雑なものとなった場合，順序を平面的にとらえることができなくなるため，フロー図をもとに論述をすることが難しいのではないかという点である。

　2つ目は，評価方法の再検討が必要であるということ。今回のように論述試験を実施する場合は，フロー図の矢印の順序と，論述に記されている言葉の順序が合致しているかといった評価項目を組むことができる。しかし，現実的には，定期テストにおいて論述問題を取り入れることが容易ではない事情のある学校が多い。論述ではない方法でのペーパーテストの実施にあたっては，どのような基準を設けて評価を行うかの検討と，システムアプローチの活用を通した学習効果のさらなる検証が必要であり，引き続き実践と考察を続けていきたい。

③ ミステリー「黒い津波とリアス海岸」による 自然環境と防災の授業

山内　洋美

☞ 使用する思考ツール：ミステリー

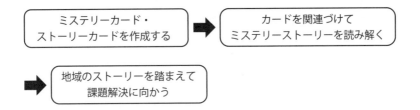

SYSTEMS APPROACH SYSTEMS APPROACH SYSTEMS APPROACH SYSTEMS APPROACH SYSTEMS APPROACH SYSTEMS APPROACH SYSTEMS APPROACH SYSTEMS APPROACH

1．意義

　2011年の東日本大震災（以下，震災）から10年が経とうとしている。しかし，震災被災地においては，生徒ばかりではなく教員も，その被災体験の濃淡ゆえに，地震や津波について扱うことが未だ難しい現状にある。そこで本実践では，そのような被災地の現状だからこそ，客観的に地域をとらえることができるように，また個々の事象を関連づけることを苦手に感じているからこそ，あらゆる事象がつながり，互いに影響を及ぼしているというシステムアプローチを取り入れてみようと考え，「ミステリー」の手法を試みた。

　「ミステリー」はイギリスの地理教育学者リート（D. Leat）によって開発された学習方法である[1]。一見関連性のないように見える2～3のストーリーを聴き，問いに答えるために，その複数のストーリーを15～30枚のミステリーカードを使って関連づけ，ひとつの大きなストーリー（ミステリーの解）を形成する。そこで多面的に問われている地域や世界の課題をとらえ，どうするべきか，何が必要かを考えるというものである[2]。

　本単元では，気仙沼を対象地域とした。同一県内の津波被害地域に含まれる当該校の生徒にとって心理的に遠い地域であり，震災や津波の事実を受け止めて学ぶことに適していると考えたことが選定の理由である。また，NHKスペシャルで放映された「黒い津波」[3]の内容が気仙沼を舞台としており，津波の原因と影響を考えるために有用だと感じたからでもある。

　ミステリーカードの内容には，生徒によって差のある既習事項の定着度を補い，新たな

知識を得られるという役割もある。そのうえで生徒自らの生活経験や知見を活用して，事象間のつながりや因果関係および影響を踏まえて，地域の将来や世界をマルチ・スケールで根拠を得て考えることができる。最終的には，つながったカードによって，複雑な事象のつながりがビッグピクチャーとして可視化され，より理解が深まるのではないかと考えている。

2．ねらい・単元構成

本単元のねらいは，次の2点である。

①大震災や津波によって大きく被害を受けた宮城県気仙沼地域の現状と課題，そして未来のあるべき地域像について地理的な見方や考え方を用いて考察する。

②①を通して，持続可能な地域社会を形成するために必要なことや課題について，自然災

表1　地理Bおよび地理Aにおけるミステリー単元の位置付け

地理B（4単位）	項　目	地理A（2単位）
（3）現代社会の系統地理的考察　ウ　現代世界と日本「現代世界における日本の国土の特色について多面的・多角的に考察し，我が国が抱える地理的な諸課題を探究する活動を通して，その解決の方向性や将来の国土の在り方などについて展望させる」	学習指導要領における位置づけ	（2）生活圏の諸課題の地理的考察　イ　自然環境と防災「我が国の自然環境の特色と自然災害とのかかわりについて理解させるとともに，国内にみられる自然災害の事例を取り上げ，地域性を踏まえた対応が大切であることなどについて考察させる」およびウ　生活圏の地理的な諸課題と地域調査「生活圏の地理的な諸課題を地域調査やその結果の地図化などによってとらえ，その解決に向けた取組などについて探究する活動を通して，日常生活と結び付いた地理的技能及び地理的な見方や考え方を身に付けさせる」
大単元（25時間）：塩竈・多賀城・七ヶ浜についての地域調査を班ごとに行い，ポスターにまとめて文化祭で掲示する	単元構成	大単元（15時間）：日本の自然環境と防災について班ごとに調べ，それぞれレポートとしてまとめた上で，授業を行う

ミステリーを用いた学習の位置づけ（地理A・地理B共通：2時間）	
目　標	内容（展開・方法）
第1時：ストーリーカードとミステリーカードを関連づけ，気仙沼を取り巻く現状を把握する	・ミステリーカードを関連づけることで，気仙沼の現状を把握する（グループ学習） ・各班のカードの並べ方や，把握した現状について共有する（一斉）
第2時：気仙沼を取り巻く現状を踏まえて，地域のもつ課題とその解決に必要な事柄を考え合う	・ミステリーカードの関連から読み取った現状を踏まえて，地域の課題と解決に必要な事柄について考える（グループ学習） ・各班の意見を共有することで，地域を多面的に考察する（一斉）

資料：筆者作成。

害が想定される地域を事例に考える。

　本実践は，2018年度に地理Bを履修済みである高3地理Bの2クラス，および高校で初めて地理を履修する高3地理Aの2クラスで行った。そのため，地理Bクラスでは大単元のまとめとして，また地理Aクラスでは大単元の導入として単元を構成した（表1）。

　本単元では自然災害の一つである「津波」に着目する。自然災害が多い日本においては誰もが「津波」が起こりうる地域に行かない，暮らさないという確証はない。だからこそ，2018年版学習指導要領では，「地理総合」の大項目C「自然環境と防災」において，「自然災害への備えや対応」，「地域性を踏まえた備えや対応の重要性」を踏まえた学習が組み込まれている（文部科学省，2019，pp.61-62）。

　しかし，「津波」という事象は，震災当時の映像や震災遺構などと結びつき，物理的被害の大きさと防潮堤建設など，直結する対策に意識が向きがちである。また，「津波」の仕組みや特徴が模式的にのみ学習されたり，被災地を「津波」被災という偏った視点で描いたりしがちで，学習者が，自分には関係がないといった正常性バイアスにとらわれる場合がある。そこで，幾度も訪れた津波を乗り越えて紡がれてきた地域の歴史や文化，生業の存在を学ぶことが大切だと考える。そして復興の過程が地域によって異なることを認識し，事由を考えさせることも必要である。その上で地域や日本を取り巻く諸事情などを関連づけて認識し，それらを踏まえて持続可能な地域像を描くことができる生徒を育てたい。

3．実践の詳細

（1）「ミステリー"黒い津波とリアス海岸"」の概要

　この「ミステリー」は，3つのストーリーカードA・B・Cと，それらをつなぐ28枚のミステリーカードでできている（図1）。ストーリーカードにはA〜Cのアルファベット，ミステリーカードには番号と見出しがつけられ，解説文や図表・地図・写真が載っている（本

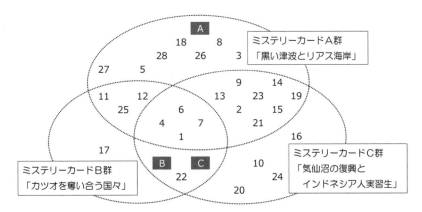

図1　「ミステリー"黒い津波とリアス海岸"」のカード位置付け
注：A〜Cはストーリーカードという。数字はミステリーカードの番号を指す。
　　各カードの見出しは図3を参照のこと。
資料：筆者作成。

稿末の資料）。また，ミステリーカードは，図1のように，黒い津波とリアス海岸／カツオを奪い合う国々／気仙沼の復興とインドネシア人実習生というA～C群の3つの要素に関連する。

　「ミステリー」の大きな特徴は，各カードをグルーピングするのではなく，一枚一枚を他のカードと有機的に（因果関係で）関連づけることで，以下に示すような問い（ミステリー）に答えられるようになることである。

> 問い：東日本大震災によって，気仙沼は大きく被災した。
>
> 　　気仙沼を取り巻く状況は，震災後どうなっているだろうか？
>
> 　　その復興と未来の街づくりのために，何が課題で，何が必要になるだろうか？

（2）まとめとして用いた「ミステリー」（地理Bクラス）

　地理Bの2クラスのうち，BXクラスを例に取り上げる。BXクラスは男子3名，女子15名で，カードをつなげる作業に注意深く取組んでいた。結果として第1時の前半30分で行う予定であったミステリーカードの関連づけに時間がかかり，後半20分のワールドカフェ形式でのカードの並べ方と気仙沼の現状把握の共有には至らず，第2時以降に持ち越しとなった。

　第1班を例に説明する。第1班は，はじめはカードを数列平行させて並べ，一列につながっていると説明していた。そこでカード間のつながりを見やすく並べ替えるように指示すると，まったく違う形に並べ替えた。その結果は，似た項目をグルーピングしていることがわかる（図2）。第1班にそれぞれのカード間のつながりを確認したところ，B：カツオの町ビトゥン，2：木質バイオマス発電施設の分布，24：菅原工業の再興の3枚のカードのつながりについて疑問が生じた。

　そこで，なぜこの3枚をつなげたのかと問うと，数分の沈黙の後に，「新しい仕事を作る」

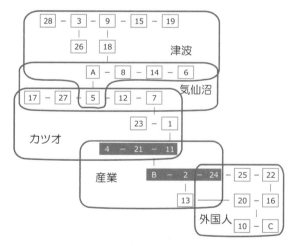

図2　BXクラス第1班のミステリーカードのつながり
資料：筆者作成。

という観点かもしれないと言った。そうすると，24の隣にある25：カツオの輸入相手国とのつながりが気になる。また，2から13：「森は海の恋人」のつながりも「森」つながりでしかなく，そこから20：外国人技能実習生制度と外国人労働者へのつながりもよくわからない。そこで，このままでは，"外国人"とグルーピングしたカード群が全体から切り離されてしまうことを指摘した。

2のカードは，すべてのクラスの生徒がつなげ方に苦しんでいたカードである。まず，「木質バイオマス発電」という表現から，誤ってリサイクルを連想し，C：リサイクルアスファルト事業と，その事業にかかわる企業について述べた24のカードと一連でつなげることが多かった。また，6：唐桑御殿や13：「森は海の恋人」と木材つながりで並べることが多かった。一方で，2を実施している唐桑半島が位置する19：三陸海岸とはつなげられなかった。このことから，生徒たちが気仙沼地域の地図を頭の中に描けていなかったことがわかる。

また，図2にみられる4：気仙沼魚市場の復興，21：気仙沼のカツオの水揚げが低迷，11：魚種別／国別漁獲量の推移の3枚のカードのつながりも，地理A・地理Bクラスともに多く見られる形であった。

特に，4と11を，21に対し「津波被害の直接的影響」という認識で関連づける班が多かった。21は2019年の事象だが，震災直後からカツオの水揚げが低迷していると読み取ったのだろうか。

このようなカードの並べ方をした第1班の，問いに対する答えは次の通りとなった。

「気仙沼は三陸海岸で津波が起こりやすい。そして津波の影響でカツオ船が入港できずカツオの水揚げが低迷した。そして漁業の外国人労働者への依存が見られる。そこには，宗教・文化・言語の違いや，ブラックな労働環境になる確率が高く低賃金であるという課題がある。」

下線部のような認識の誤りを，生徒たちが自ら気づくようにするには，どのような働きかけをしたらよいか。それが，筆者の実践上の課題となり，地理Aの実践に引き継がれた。

（3）導入として用いた「ミステリー」（地理Aクラス）

地理Aの2クラスのうち，ここではAYクラスを例に取り上げる。男子7名，女子32名を4～5人の9班に分けたが，地理Bクラスよりもさらにカードの関連づけに時間を要した。カードを並べる間にも，正解は何？とつぶやいている生徒が多くみられた。そしてある班が一列に並べ始めると他の班に伝播し，結果として第6班を除き，すべての班が一列に並べることになった。

第8班を例に説明する。第8班は，一列にカードを並べるととらえて真っ先に動いた班の1つである（図3）。一列に並べた班の多くは，グルーピングしたカードの塊をただ一列につなげただけで，カード同士の関連を詳細に検討していない。第8班は比較的丁寧に検討したが，25：かつお節の輸入相手国と15：気仙沼の始まり，6と4といったカテゴリーの境目は内容がつながっていない。

第8班の問いの答えは「震災後に漁獲量が減り，海から人が離れ，サーフショップに客

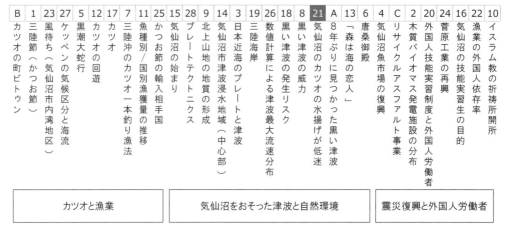

図3　AY クラス第 8 班のミステリーカードのつながり（助言前）

資料：筆者作成。

が来なくなり廃業した。また，復興のための工業（リサイクルアスファルト事業）が発展した。また，震災後，外国人技能実習生が増えている。そのため，気仙沼と親交が深いインドネシア人（＝イスラム教徒）の漁船員や観光客らの利用を見込んでイスラム教の祈祷所を開所することで，漁業や気仙沼の活気を取り戻そうとしている。今後，日本人も外国語を学ぶ必要があるし，外国人にも日本語を教えて仕事をスムーズにする必要がある。」であった。下線部のように，21 を直接 A や 8：黒い津波の威力と結びつけていることからも，漁獲量の減少を「津波被害の直接的影響」ととらえている。BX クラスと近い発想による認識の誤りである。

　そこで，誤りであることを気づかせるために，21 を中心にして，カードのつながりを組み替えさせてみることにした。すると，第 8 班のカードのつながりは以下のように組み替えられた（図4）。

　21 を 17：カツオと 27：ケッペンの気候区分と海流につなげ，そこから 5：黒潮大蛇行・12：カツオの回遊・7：三陸沖のカツオ一本釣り漁法と環状につないだのは見事だと感じた。しかしながら，その周辺の関連性の確認がおろそかになっている。たとえば，27 を，直接つながらない 28：プレートテクトニクスにつないでしまった。また，21 に 14：気仙沼市津波浸水地域をつないでいることから，漁獲量の減少に津波の直接的影響を関連づけたい

```
A - 3 - 8 - 18 - 26 - 14            2 - 24 - C - 4 - 20 - 16 - 22 - 10

          B - 17 - 21 - (27 - 28) 9

15 - 13 - 23 - 6 - 19 - 1 - 7 - 12 - 5
                                11
                                25
```

図4　AY クラス第 8 班のミステリーカードのつながり（助言後，カード 21 を中心に）

資料：筆者作成。

心理が垣間見えた。

　このように，認識の誤りを修正するために視点を移すと，どうしても他の視点がおろそかになる。生徒が複数の視点を意識しながら，ビッグピクチャーを隅々まで丁寧に見渡し，日頃意識していない地域の文化や日常の営みなども含めて事象の構造を構築できるようになるには，どのような働きかけが必要なのか。これが筆者のシステムアプローチの実践における大きな課題となった。

4．振り返り

　筆者は「ミステリー」という手法（Leat，1999；Mueller-Hoffmann，2018；高橋・ホフマン，2019）に出会ったとき，非常に衝撃を受けるとともに，大きな期待を抱いた。。この手法を使ったら，一問一答的に思考しがちな生徒たちが，未習の事項，あるいは理解，定着していない既習事項も含めて活用でき，地域を多面的に，また俯瞰して考えることができ，システム思考への入り口にもなるだろうと思ったからである。

　しかしながら，たとえば震災による津波の被害とそれ以前からの地域の課題を無意識に関連させる生徒たちに代表されるように，高校生までに形成された価値観やものの見方，先入観を変容させ，視野を広げさせることの難しさを痛感した。カードに盛り込んださまざまな事象を的確に読み取ったり，多面的な視点から事象の関連性を見出したりするときに，先入観が邪魔をしていると思われる場面が多くみられたことが理由である。

　それに対し，生徒が関連づけに苦労したり，理解が難しかったカードを鍵として，再度カードを関連づけさせる方法が有効と考えられた。たとえば“カツオ”からみたつながりを考えさせることで，その生態と海流や気候の関係に気づいたり，カツオで生計を立てる人たちの暮らしとの関係に気づいたりできるように変化した。

　いずれにしても，地理学習でシステム思考を行うために「ミステリー」に取組む際には，系統地理的な知識と地理的な見方や考え方をある程度身に付けていることが必要で，学習のまとめの部分で扱うことが望ましいと考える。

5．読者へのメッセージ

　「ミステリー」を用いた学習に際しては，Leat（1998）に所収された教材（問いやミステリーカード）など既存のものを用いても十分な効果が得られると思うが，ぜひ自身で関心のある地域や事象を調査して，独自の教材（問いやミステリーカード）を作成されることをお勧めしたい。「ミステリー」教材を作成することが，特に転勤のある公立学校の教員にとって，地縁がない地域や学校に対して知る第一歩となるからである。また，地理の授業経験が少ない方でも，「ミステリー」教材の作成を通して，自然と人間との関係，地理的な見方や考え方といった地理の基本的な考え方を理解できると期待したい。そして，地域の特徴を地理授業でどう扱うことが望ましいのかを考えることができるようになるだろう。

最後に，「ミステリー」を作るポイントを以下に記す。

・ストーリーカードＡ～Ｃは，関連させたい事象の核となる。Ａ～Ｃはできる限り互いに内容と場所に関連性がないように見える方が，問いに対してマルチスケールでとらえ，かつ多面的に考えることができる。

・ストーリーカードは，事実に立脚したオリジナルのストーリーでもよいし，著名人の発言あるいは Leat（1998, 1999）の教材のように主題図，新聞記事，広告でもかまわない。

・ストーリーカードＡ～Ｃにつながるミステリーカード群を作成するときに，図 1 に示したようにＡ～Ｃの 2 つあるいは 3 つの領域にまたがるカードを複数作成することで，カードがつなぎやすくなる。うち 1 群を，自然環境を軸にすることで，自然環境と人間社会との関係性について考えさせられる。

・ストーリーカードとミステリーカードにはそれぞれ記号と見出しをつけると，すばやく考えることができ，教員側からも指示を出しやすい。

・ミステリー教材の難易度を下げるには，ミステリーカードの枚数を 15 ～ 20 枚程度に抑え，カード 1 枚の情報量を，文章であれば 3 行程度，図表であれば教科書図版程度のものを 1 枚程度にとどめるとよい。教科書の本文や図表を用いてもよい。地理総合で扱うならば，中学校教科書の本文や図表を用いることもできる。

[注]
(1) イギリスにおける「ミステリー」の手法は Leat（1998）を参照のこと。
(2)「ミステリー」はイギリスで開発された後，オランダ，そしてドイツへと普及した。本実践では，2019 年の日本地理教育学会大会において開催されたドイツの地理教員 Thomas Hoffmann（トーマス ホフマン）氏による「ミステリー」のワークショップで示された「学習方法やシステミックな考え方をレベルアップさせるもので，複数のつながっていないストーリーと質問，そしてさまざまな形態からなる複数のカードで構成されている。生徒はそのつながっていないストーリーを不思議に思い，面白いと感じて，カードを使って複雑なストーリー（ミステリー）の再構成を行う」手法を採用している。
(3)「黒い津波」は，震災時に押し寄せた津波を指す。リアス海岸の狭く深い湾に特有の海底のヘドロを巻き込んで黒色となった津波で，比重が重く浸水速度が速いことから建造物などに対する破壊力が強い。また乾燥したヘドロが飛散することで健康被害をもたらしたというテレビ番組である。NHK スペシャル連動企画「"黒い津波" ～知られざる実像～」https://www3.nhk.or.jp/news/special/shinsai8portal/kuroinami/（最終閲覧日：2020 年 12 月 27 日）

[引用文献および教材開発のための参考文献]
高橋敬子・ホフマン トーマス（2019）システム思考コンピテンシーをどのようにして強化するのか？－日本の気候変動教育における学習手法「ミステリー」の可能性－．環境教育 29（2），pp.14-23.
文部科学省（2019）『高等学校学習指導要領（平成 30 年告示）解説 地理歴史編』東洋館出版社.
Leat, D. (1998) *Thinking Through Geography*. Chris Kingston Publishing.
Leat, D. (1999) *Mysteries Make You Think*. Geographical Association.
Mueller-Hoffmann, S. (2018) *Mysterys Erdkundeunterricht 5-10*. Auer Verlag.

【資料】ストーリーカード・ミステリーカードの例（資料：筆者作成）

8 黒い津波の威力

東日本大震災で見られた「黒い津波」は通常の海水に比べて比重が高いため、一般的な木造家屋が2～3mの津波で浮き上がるところ、1.5mほどでも浮き上がって流されてしまう。そして流された建物を巻き込んで、より破壊力を増していった。

また、気仙沼湾においては、震災前に最深部6mだったところが、津波によって13mにも掘り下げられていた。湾の狭くなったところに押し寄せた津波が、行き場を失って掘り下げたのだ。そして「黒い津波」が、一気に湾内に流れ込み、押し寄せた。

湾奥の鹿折地区では、津波到達から30秒で大人のひざの高さまで「黒い津波」が上がった。通常の海水に比べて2倍の速さだという。

23 風待ち

2013.8.7 気仙沼市魚町にて撮影

気仙沼市内湾地区は、江戸時代の初期まで「細浦」と呼ばれていた。

魚町は内湾の奥に位置し、17世紀半ばの江戸時代から、背後の岩肌のカマを切り崩して「陣山」(=アイヌ語のカマ)を立てたことから古くは「釜の前」と呼ばれ、また沖に向かって吹く北西風(ならい)を集めて船を出せるように「風待ち(かざまち)」とも呼ばれた。

魚町や三日町・八日町には、廻船問屋や倉が建ち並び、仙台方面や関東方面への荷を運ぶ帆船や、近海または遠洋でカツオ・マグロ・サメ・クジラなどを獲る漁船が出航していった。

ストーリー＜B＞　カツオの町ビトゥン

大岩勇は1902（明治35）年、愛知県知多郡豊浜町の資産家の家に生まれ、その後、昭和の初めに造船の技術を身に付けてミクロネシアのパラオに渡った。

当時、ミクロネシアは日本の委任統治領で、日本の南洋進出はその範囲にとどまらず、フィリピン、シンガポール、インドネシアへと広がった。

大岩勇は、オランダ領東インドに属していたセレベス島（現スラウェシ島）の北部、ビトゥンに拠点を置き、大岩漁業を創業した。南洋カツオ釣り漁業・かつお節製造・かつお節製造業を営み、現地住民の雇用を進めた。ビトゥンが「カツオの町」と呼ばれるきっかけである。

14 気仙沼市津波浸水地域（中心部）

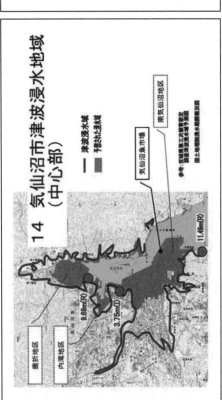

- 津波浸水域
- 予想浸水域域
- 気仙沼魚市場
- 南気仙沼地区
- 鹿折地区
- 内湾地区
- 11.49m(R)
- 9.06m(R)
- 3.75m(O)

出典：宮城県気仙沼地域復興・復旧支援調査　国土地理院津波浸水範囲概況図

2-5　持続可能な国土像

① システムアプローチによる地理 ESD 教材の つくり方 ―「さぬきうどんに迫る危機」を事例として―

今野　良祐

☞ **使用する思考ツール：自然，社会－経済システムの理解，「ストック」＆「フロー」図，問題構造図**

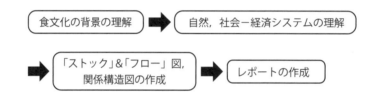

SYSTEMS APPROACH SYSTEMS APPROACH SYSTEMS APPROACH SYSTEMS APPROACH SYSTEMS APPROACH SYSTEMS APPROACH SYSTEMS APPROACH SYSTEMS APPROACH

1．はじめに

　高等学校の新学習指導要領において新設された「地理総合」では，内容の４つの柱の一つとして ESD が示されている。単元として設定されただけでなく，科目全体を通して持続可能な社会づくりの視点が求められるようになった。本稿では，地理授業における ESD 実践において，システムアプローチの手法を用いた教材のつくり方について，筆者が取組んだ「さぬきうどん」を素材とした事例をもとにして検討してみたい。

2．ESD の視点に立った地理授業づくり

（1）地域の設定

　ESD はこれまでの社会構築のあり方を反省し，新しい時代に対応した社会を構築するための学際的な知識，価値観の変革・創造およびそれらの実行に必須の能力・態度の形成を目指した教育である。志村（2017）は，ESD 実践の枠組としての教科での授業開発について，『学校における持続可能な開発のための教育（ESD）に関する研究【最終報告書】』（角屋重樹，2012，pp.10-16）で提示された ESD の６つの鍵概念を，教科の固有性を踏まえたうえで適切に組み込むことが ESD 実践成立のために必須だという。また，地理における ESD というとグローバルイシューばかりに目を向けがちであるが，Think globally, act locally として，持続可能性を追求しながらグローバルレベルでの事象とローカルレベルにみられ

る事象との関連性や因果関係の追究が不可欠である（石丸，2018）。2007年の「持続可能な開発のための地理教育ルツェルン宣言」において，自然システム，社会－経済システムの理解に空間概念を活用し，地域の規模に応じた分析能力を学習することが指摘されている通り，グローバルとローカルレベルの重層的な地域のスケールのなかで自然と人間の相互依存関係を往還しながらシステム思考を育むことが肝要である。

（2）システム思考

　佐藤・岡本（2015）は，国立教育政策研究所が取組んだESDの枠組の持続可能性キー・コンピテンシーの先行研究の整理から，システム思考コンピテンシーを挙げており，現代世界の複雑さはさまざまな領域（環境，社会，経済）とスケール（地域から地球規模）での相互関係を全体（システム）でとらえる必要があると指摘している。

　システム思考についてはさまざまな概念・手法があるが，本稿では基本概念である「ストック」＆「フロー」と「フィードバック・ループ」といったシステム・ダイナミクス学派の方法[1] から，教材づくりへの視座を得たい。

　ストックとフローの概念の説明にはバスタブ理論が用いられることが多い（図1）。バスタブに貯められた水が「ストック」，バスタブへ注がれる水が「インフロー」である。つまりインフローが「原因」で，ストックが「結果」である。しかし，バスタブの栓が抜かれている場合は，水は順次排水されていく。これが「アウトフロー」となる。インフローとアウトフローの挙動のバランスによって「ストック」の状態は変容していく。また，アウトフローが新たなストックのインフローとなって，因果関係が連綿と続いていくこともある。こうした循環が「フィードバック・ループ」と呼ばれ，「今日の解決策が，明日の問題を生む」と評される状態である。問題の原因や解決策を一面的にとらえるのではなく，システム思考を用いて多面的・多角的に考えていくことが肝要である。

　地理学習におけるシステム思考を想定した場合，グローバルやローカルなスケールで自然地理的な環境条件が「インフロー」となり，「ストック」としての社会・文化が形づくられており，場合によっては経済の論理が新たな「インフロー」となり，環境条件や社会・文化を脅かしたり，変容させたりするという「フィードバック・ループ」を生み出すことがある。こうした複雑なシステムのなかに，いかに「レバレッジ・ポイント（解決のために介入すべき点）」を見出すかが持続可能な社会を創造するうえでの鍵となる。

3. さぬきうどんの地理ESDとしての教材性

（1）さぬきうどんをめぐる「ストック」＆「フロー」

　さぬきうどんは，古くから香川県民に愛されてきた郷土料理の1つである。香川県は人口1万人あたり「そば・うどん店」数全国第1位，うどん用小麦粉使用量

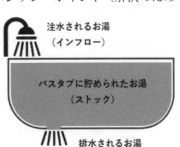

注水されるお湯
（インフロー）

バスタブに貯められたお湯
（ストック）

排水されるお湯
（アウトフロー）

図1　バスタブ理論の概念図
資料：筆者作成。

全国第1位，そして1世帯当たりの「生うどん・そば」支出金額は県都の高松市が全国第1位と名実ともに「うどん県」の座を維持している[2]。2011年12月には香川県のPRキャンペーンの一環で「うどん県」に改名するという架空の設定のもとで，「うどん県」宛名で年賀状が届くように副知事役の俳優が日本郵便に要望書を提出する一幕もあった。

　長谷川（2006）は香川県における讃岐うどんの成立条件について，①良質の小麦がとれたこと，②塩づくりが盛んであったこと，③しょうゆの名産地だったこと，④美味しいイリコがとれたこと，⑤花崗岩質の四国山地，讃岐山脈に磨かれた良質の地下水が大量に，かつ安価に得ることができたこと，以上の5点を指摘している。瀬戸内式気候の特色を反映した地元の食材を有効に利用したものが由緒であり，香川県の地理的条件にバックボーンをもつ食文化である。

　また，うどんの大きな特徴である麺のこしの強さやセルフ式・オーダーメイドで自分好みのうどんをつくることができるなどで次第にファンを増やし，「早い・安い・うまい」に「おもしろい・怪しい」などの要素をプラスして，香川県内のみならず全国規模で幾度となくさぬきうどんブームが到来した。ブームの時期については諸説あるが，おおむね以下の4つの時期に分類されている（竹内，2009など）。
・第1次さぬきうどんブーム（1970年～）：宇高連絡船内の立ち食いうどんや大阪万博出店で評判になり，知事によるトップセールスにより一躍人気に
・第2次さぬきうどんブーム（1988年～）：瀬戸大橋開通による県外からのうどん目当ての観光客の増加
・第3次さぬきうどんブーム（1995年～）：田尾和俊氏による地元タウン誌における「ゲリラうどん通ごっこ」を契機とするメディアを通じてのうどん人気加速
・第4次さぬきうどんブーム（2002年～）：セルフうどん店の全国進出や映画「UDON」（2006年）公開

　香川県への県外からの観光客入込数の推移をみると，1988年の瀬戸大橋開通によって本州からの自動車による来県が一挙に増加し，観光客入込数自体もそれまでの倍増になった[3]。明石海峡大橋開通やETC休日割引，LCCの高松就航などのインフラ整備とともに，映画「UDON」の公開やメディアによるさぬきうどんブームの後押しもあり，年々増加傾向にある。また，「うどん県，それだけではない香川県」をキャッチフレーズに，うどん以外の香川県の魅力の発信にも注力している。以上のように，さぬきうどんという「ストック」は，香川県の地理的条件が「インフロー」となって成立し，そして「アウトフロー」としてブームの到来をもたらした。

（2）さぬきうどんをめぐる「フィードバック・ループ」

　一方で，さぬきうどんの持続可能性にはさまざまな課題が山積している。実はさぬきうどんの原料小麦の大半はオーストラリアから調達をしている。1970年代に不作で減産が続いたのを契機に県産小麦からオーストラリアからのASW（Australian Standard White）への転換が進んだ（吉良，2009）。しかも，オーストラリアではうどん用の最適な小麦を

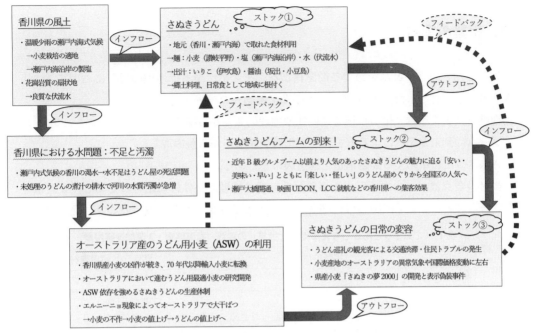

図2　さぬきうどんをめぐる「ストック」＆「フロー」図
資料：筆者作成。

目指しての品種改良などの研究も進められていたほどである。しかし，輸入原料に依存した生産体制は盤石とはいえず，ブームの時期と重なって生じたエルニーニョ現象の影響を受けたオーストラリアにおける干ばつや穀物の国際価格変動にさぬきうどんの「安い，うまい」は左右されることになる。

　瀬戸内式気候の香川県は元来，渇水危険度が高い地域である。ところが，うどんづくりのすべての工程に水を用いるため，水不足はうどん店にとっては死活問題である。さらに，未処理のうどんの煮汁の排水で河川の水質汚濁が急増する問題も生じていた。県は排水処理器の導入を奨励しているが，高価なため多くの家族経営の中小うどん店には難しかった。また，うどん巡礼の観光客の殺到による狭小な農道での交通渋滞の発生なども大きな問題となった。以上のように，さぬきうどんを支える産業基盤が不安定で脆弱であったことが露わとなった。ブームの裏側でさぬきうどんを成立させていた「インフロー」の実態が変容し，しかも「インフロー」そのものがさぬきうどんの持続可能性を阻害している「フィードバック・ループ」となっている状況も見受けられる。

　さぬきうどんは地域の風土を反映した食文化であるが，現在では主原料を海外に依存していたり，地域または地球規模の異常気象に悩まされたりと，環境・社会・文化の相互作用の中で地域と世界の多様なつながりの上において存在している（図2）。グローバルとローカルの双方の視点のもとで，香川県民の郷土料理・日常食としてどのように維持していくかが，さぬきうどんをめぐる持続可能性の鍵となる（三宅・田中，2004。

4．授業の実際

　先述したさぬきうどんをめぐる問題構造をふまえて，筆者は地理の授業において，さぬきうどんを素材とした ESD 実践に次の手順で取組んだ（表1）。
①地域を代表する食文化の背景を地域性や地理的条件から探る。
②ブームの到来とそれによる好影響・悪影響を諸資料から読み取る。
③さぬきうどんをめぐる問題構造を構造図にまとめる。
　教材の要点は，（a）ローカルな事象が地域性や地理的条件に規定されており，または左右されること。そして，（b）それらをもグローバルな事象の影響を受けること。翻って，（c）

表1 「さぬきうどんから考える地域と世界」の実践（指導略案・2時間連続授業）

	学習項目	ESD	使用教材・留意点
	前時のふりかえり（15分）		
導入 15分	さぬきうどんブーム！ ・近年B級グルメブーム以前より人気のあったさぬきうどんの魅力に迫る。「安い・美味い・早い」とともに「楽しい・怪しい」のうどん屋めぐりから全国区の人気へ ・瀬戸大橋開通，映画UDONなどの香川県への集客効果	多様性 相互性	映　画「UDON」chap.9・10（うどん屋めぐり，さぬきうどんの作り方）（約5分）視聴
展開① 20分	さぬきうどんを支えるさぬき（香川県）の風土 ・瀬戸内海式気候＋花崗岩質の扇状地→小麦栽培の適地 ・基本的に地元（香川・瀬戸内海）で取れた食材利用 →麺：小麦（讃岐平野）・塩（瀬戸内海沿岸）・水（伏流水） →出汁：いりこ（伊吹島）・醤油（坂出・小豆島） →郷土料理，日常食として地域に根付く	地域性 つながり 相互性 多様性	既習事項なので，生徒から引き出す
	（休み時間10分をはさむ）		
展開② 30分	過熱するさぬきうどんブームの陰で ①さぬきうどんの日常の変容 ・うどん巡礼の観光客による交通渋滞・住民トラブルの発生 ②オーストラリア産のうどん用小麦（ASW）の利用 ・香川県産小麦の凶作が続き，70年代以降輸入小麦に転換 ・オーストラリアにおいて進むうどん用最適小麦の研究開発 ・ASW依存を強めるさぬきうどんの生産体制 ・エルニーニョ現象によってオーストラリアで大干ばつ →小麦の不作→小麦の値上げ→うどんの値上げへ ・県産小麦「さぬきの夢2000」の開発と表示偽装事件 ③香川県における水問題：不足と汚濁 ・瀬戸内式気候の香川の渇水→水不足はうどん屋の死活問題 ・未処理のうどんの煮汁の排水で河川の水質汚濁が急増	地域性 有限性 連携性 相互性 地域性 有限性	・VTR【素敵な宇宙船地球号「さぬきうどんに迫る危機：ASWの開発」視聴 ・VTR【さぬきうどんに迫る危機：オーストラリアの大干ばつ】視聴 ・VTR【さぬきうどんに迫る危機：香川の水問題】視聴
まとめ 20分	さぬきうどんの持続的発展のために（まとめ） ・全国区ブームの郷土料理であるが，原料は海外産に依存 ・国内外での環境の変化に影響を受ける →"さぬきうどん"をめぐる問題を構造化して整理 →一過性のブームで終わるのではなく，地域とさぬきうどんが今後も持続的に発展していくためには？（レポート執筆）	つながり 地域性 責任性 公平性	【参考】図3，4：生徒作成の構造図

資料：筆者作成。

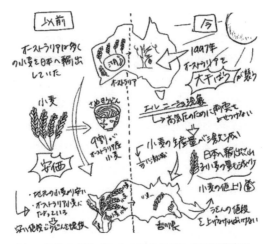

図3　生徒Aが作成したさぬきうどんの問題構造図
資料：筆者作成。

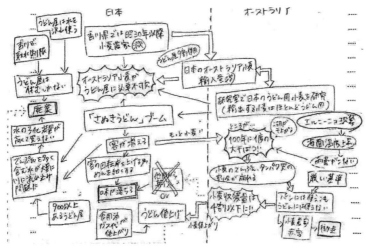

図4　生徒Bが作成したさぬきうどんの問題構造図
資料：筆者作成。

私たちの行動がローカルおよびグローバルな事象の状態を左右しうること，である。また，さぬきうどんをめぐる「ストック」＆「フロー」を，既習事項や諸資料から読み取り，考察し，生徒自らが事象・問題の構造を組立ててゆくアプローチをとった。生物圏・岩石圏などあらかじめ項目が定められている関係構造図は用いずに，自由に構造化（図化）させた。ある生徒は，香川県とオーストラリアという2つの地域間において，自然─社会の関係性，そこに時系列で生じる事象間の関係性の構造化を試みた結果，「ストック」＆「フロー」が相互に影響しあっている様子を表現することができた（図3，4）。

5．読者へのメッセージ

　本稿では，「さぬきうどん」を中心トピックとしてグローバルとローカルレベルの重層的

な地域スケールにおける自然と人間の相互依存関係を取り扱う教材を検討してみた。

　今回の事例は，「レバレッジ・ポイント」としては操作することができない地域の自然地理的条件に「フィードバック・ループ」が戻るという問題構造であり，非常に解決が難しい問題である。しかし，多くの人の目（協働・合意形成）で，さまざまな分野（多面的）に目を凝らし，さまざまな観点（多角的）から問題を直視し，よりよい方向性を考えていかなければ，日常生活の持続可能性を取り戻すことすら手が及ばなくなってしまう。本来ならば ESD の授業は，持続可能な開発の理念や問題構造の理解にとどまることなく，問題の解決に向けた知識・技能，価値観，生活スタイルの転換を図るものでなければならない。したがって，遠い地域の話で済ませるのではなく，このような問題構造に先述した（c）の自分自身や私たちを位置づけて，どのようなふるまいを取っているかを省察することで，他の地域事例やグローバルイシューなどにおいても，私たちはどのような生活様式・消費スタイルに転換し，どのように持続可能性を持った社会の構造にしたらよいのかを考察することが ESD 実践としては不可欠である。

　システム思考を用いることで，さまざまな事象の持続可能性をめぐる問題について，複雑に絡み合った因果関係を解きほぐし，改善や解決に向けた糸口を模索していくことが可能となろう。今回の実践では，問題構造の把握にとどまり，④の段階として「レバレッジ・ポイント」を探り，持続可能な社会のあり方を考える段階まで実践することができなかった。今後の課題としたい。

[注]
(1)　詳細は，メドウズ（2015）を参照のこと。
(2)　うどん県統計情報コーナー（香川県統計調査課）https://www.pref.kagawa.lg.jp/content/etc/subsite/toukei/sogo/udonken/index.shtml（最終閲覧日：2019 年 12 月 10 日）
(3)　香川県庁交流推進部 交流推進課「平成 30 年香川県観光客動態調査報告」https://www.pref.kagawa.lg.jp/content/etc/web/upfiles/wgb9z9190709104605_f02.pdf（最終閲覧日：2019 年 12 月 10 日）

[引用文献および教材開発のための参考文献]
石丸哲史 (2018) ESD の推進による「地理総合」の深化．碓井照子編『「地理総合」ではじまる地理教育』古今書院，pp.48-57.
角屋重樹（2012）『学校における持続可能な発展のための教育 (ESD) に関する研究 最終報告書』国立教育政策研究所 教育課程研究センター.
吉良良一（2009）『だからさぬきうどんは旨い』旭屋出版.
佐藤真久・岡本弥彦（2015）国立教育政策研究所による ESD 枠組の機能と役割－「持続可能性キー・コンピテンシー」の先行研究レビュー・分類化研究に基づいて－．環境教育 25（1），pp.144-151.
志村　喬（2017）教科教育としての授業開発の手法．井田仁康編『教科教育における ESD の実践と課題－地理・歴史・公民・社会科』古今書院，pp.10-25.
竹内守善（2009）さぬきうどんブームを語る，うどん道 6，pp.11-21.
長谷川修一（2006）おいしい讃岐うどん店はどこに多いのか？．地下水技術 48（11），pp.19-23.
三宅耕三・田中博康（2004）さぬきうどんの持続的成長に関する研究－消費者行動調査から．香川短期大学紀要 32，pp.1-9.
メドウズ，D.H. 著，枝広淳子訳（2015）『世界はシステムで動く－いま起きていることの本質をつかむ考え方－』英治出版.

② 持続可能な社会にむけた地理授業
－「システム思考で日本の将来を考える」－

吉田　裕幸

☞ **使用する思考ツール：関係構造図**

関係構造図の作成　➡　関係構造図の発表・共有　➡　キャッチフレーズの作成

SYSTEMS APPROACH SYSTEMS APPROACH SYSTEMS APPROACH SYSTEMS APPROACH SYSTEMS APPROACH SYSTEMS APPROACH SYSTEMS APPROACH SYSTEMS APPROACH

1．授業実践の意義

　正解がある「成長社会」から，正解がない「成熟社会」へと変化する現在，正解がない問題を考えることは重要である（藤原，2017，pp.49-51）。一方，大学受験を見据えた指導を行う現場では，授業内で議論する時間を長く取るには限度がある。そこで，システムアプローチに基づく課題解決型の授業をコンパクトかつ効果的に行うことができないか，というのが本実践の課題意識である。その際，関係構造図について事前知識のない生徒が，授業においてすぐに使うことができるか，また関係構造図を使うことは有益かをあわせて検討した。

2．授業実践の実際

（1）単元構成と学習目標
　本実践は，私立女子中高一貫校である鷗友学園女子高等学校の2年生文系対象「地理B」（4単位）において，日本地誌学習（全10時間）の最後の2時間を使用した（表1）。1時間目から8時間目までは通常の講義形式の授業であった。なお，本校では2時間連続（45分×2）で地理の時間を設定している。
　教科書（二宮書店『新編　詳解地理B　改訂版』）では，第3章第2節において「持続可能な社会に向けて」という単元が設けられ，「地理Bの学習の最後のまとめとして，日本

表1　日本地誌の授業実践（全10時間）

時　間	学習形式	主な学習内容
1・2時間目	講義	自然環境（地形，気候，自然災害）
3・4時間目	講義	産業（産業別人口構成の変化，農業，工業）
5・6時間目	講義	人口（少子高齢化，国内の人口移動）
7・8時間目	講義	村落と都市（村落の形態と歴史，都市の構造，都市と商業，都市と地方）
9・10時間目（本時）	グループワーク	「システム思考で日本の将来を考える」

資料：筆者作成。

が抱える地域的課題を探究し，解決の方向性や，あるべき国土像を導き出す探究活動をグループで行う」と記されている。本実践はその方向性に沿ったものである。また，課題探究の視点として自然・文化・政治・技術・経済が示されており，今回はこのことを踏まえて関係構造図を作成した。その上で，「検討した結果を踏まえ，まとめた上で提言する」とも書かれており，授業の最後に「日本が持続可能な社会になるためのキャッチフレーズ」を作成することとした。

（2）授業実践の展開

本時の流れは表2に示すとおりである。

最初に，システム思考の導入として，動画「ボルネオの猫」[1]を鑑賞し，物事の相互依存関係を理解していないと解決策がより問題の原因となることを確認した。また，「ある発展途上国において，小さな橋を日本の支援によって大きな橋につけかえた結果，その橋の奥にあった自然保護区域において違法伐採が増えてしまった」というエピソードを紹介した。そして，このエピソードも「今日の解決策が，明日の問題を生む」事態の典型であり，複雑な現代社会において，全体を俯瞰して考えるシステム思考が問題解決において重要であることを紹介した。

その上で，問題解決の基礎となる「相互依存関係」について，ここまでの日本地誌の授業において工業・人口の単元で学習した内容（高度経済成長，都心回帰など）について触れ，それらの関連性について，関係構造図で整理しながら説明し，同時に関係構造図の使い方を生徒に示した。

その後，今後の日本を推測する関係構造図を用いたグループワークを行った。今後の日

表2　本時の授業の流れ

時　間	内容と時間配分	
9時間目	システム思考・関係構造図の説明	（25分）
	グループワーク①　関係構造図の作成	（20分）
10時間目	グループワーク②　作成した関係構造図の発表・共有	（30分）
	グループワーク②　キャッチフレーズの作成	（15分）

資料：筆者作成。

本で想定される諸課題の例として,「地球温暖化」,「地震」,「人口減少」,「食料自給率の低下」の４つを挙げ,「これら４つの要因が加わるとどう日本は変わるか」という問いを提示した。そして,これらの問題の関係性や今後の展開,また解決策についてグループで自由に考えさせた。考えたプロセスは関係構造図にまとめ,１グループ１分程度で発表・共有を行った[2]。

最後に,本時のまとめとして「日本が持続可能な社会になるためのキャッチフレーズを13字程度[3]で作成する」グループワークを行った。

３．授業実践の振り返り

（１）関係構造図・キャッチフレーズ

生徒が作成した関係構造図は,貼り付けた付箋同士の論理的なつながりが読み取りにくいものがあるものの,概してつながりを見つけようとした痕跡が見られる。また,全体にわたって付箋が貼られており,問題に対する俯瞰的な視野をもっていたことがうかがえる。例えば,あるグループは,少子高齢化という問題が,雇用や年金の問題と関連し,さらには経済格差とも相まって市民の怒りや不安を駆り立てる可能性について検討している（図1）。そこには,地方の荒廃も無縁ではないことが示されており,７・８時間目での村落と都市の学習の知識も生かされたと考えられる。

生徒が作成したキャッチフレーズは,「地域社会のコミュニケーション」や「異常気象と向き合う」,「利己主義に未来は無い」などが考え出され,最も多かったのが,「働く女性に優しい社会」などの女性の働き方に関するものであった（20グループ中8グループ）。また,さまざまな諸課題は「人間の心理が問題の根源である」との指摘もあった。「環境が悪くなると心もすさむ」という記述にあるように,考察の結果が人間の心理に行きついた生徒もいた。

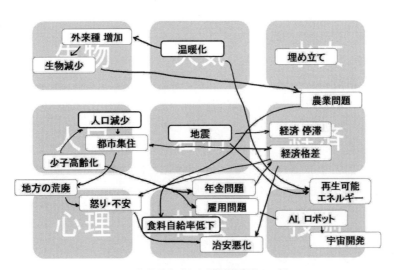

図1　生徒が作成した関係構造図の一例
資料：生徒が作成したものを筆者修正。

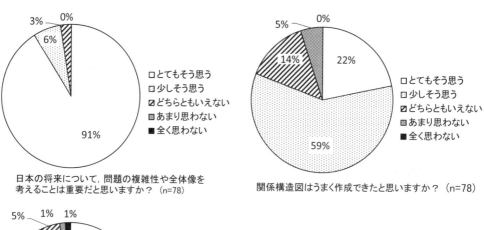

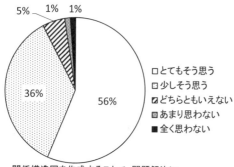

図2 生徒へのアンケート調査の結果
資料：筆者作成。

（2）アンケートの結果

　アンケートでは，約9割の生徒が，「問題の複雑性や全体像を考えることが重要」だと考え，「関係構造図が問題解決に役立つと思う」と回答した。しかし，関係構造図の作成がうまく作成できたかどうかについては，「とてもそう思う」は22％，「少しそう思う」は59％に留まった。関係構造図の作成でうまくいかない点があったものの，その有用性については感じ取れたようである（図2）。

　また，授業の感想（自由記述）では，「問題が視覚化できたことはとても良い」といった可視化に関するコメントや，「直接的には関係ないと思っていたことも，間接的につながっていたりした」，「問題を1つずつピックアップして見るだけではなく，全体を俯瞰して見ることの大切さがよく分かった」という，つながりや俯瞰的な視野に関するコメントが数多く見られた。なお，関係構造図については，「経済や社会が真ん中の方が書きやすかった」という意見や，「発表時は，他の班の関係構造図を見ても理解しにくかったので，関係構造図は意見交換にのみ用いた方がよい」といった意見も示された（表3）。

4．読者へのメッセージ

　今回の授業では，日本の地誌学習のまとめとして，イベント的に関係構造図を用いた授

表3　授業後の感想（一部抜粋）

・思っていた以上に様々な要因が関連していて，面白かったです。1つ1つの問題を1つずつピックアップして見るだけではなく，全体を俯瞰して見ることの大切さがよく分かりました。
・発表を聞いて私たちの気づかなかった問題がたくさんあることが分かりました。知識をつめこむだけでなく，こうした図を作って知識を繋げることは見識を深めることに役立つと思います。
・いろいろな問題は複雑にからみ合っていて，問題の一面だけを見てその対処療法を考えるだけではいけないことを実感した。
・関係構造図を作成して，現代社会の問題の元を考えることで，何を一番に解決すべきかということが分かった。
・どこの班も挙げているキーワードは似ていたけど，つながりや焦点がそれぞれ異なっていて面白いと感じた。
・直接的には関係ないと思っていたことも，間接的につながっていたりして面白かったです。
・普段は客観的にニュースなどで見る日本の問題を関係構造図の作成によって主体的に考えることができた。もともと知っている事柄も，他のことと結びつけて考えたり他の人と意見を交換したりすることで，改めて問題意識を喚起されたように思いました。
・様々な事柄がすべてつながっており，問題点にも解決にもつながっていくのだと思った。
・図は経済や社会が真ん中の方が書きやすかった。
・関係構造図で班内での意見をまとめるのは有効な手段だと思うが，発表のとき他の班の関係構造図を見ると見えづらく理解しにくかった。関係構造図は意見交換にのみ用いて，発表の際は要点をまとめて映すなどした方がよい。

資料：筆者作成。

業を行った。結果的に，学習のまとめとして関係構造図を用いることは可能で，有益であるといえる。

　生徒の反応を見ていると，関係構造図の作成は，自分たちで付箋を貼ってつなげることを楽しんでいる様子だった。しかし，文系の生徒ということもあるのか，関心が心理や社会といった領域に寄り，公民的な観点は議論されたが，自然環境とのかかわりについてはあまり言及がなかった。普段から自然環境と社会とのつながりについては意識して授業を行い，生徒も納得している様子であるが，実際自分たちで関連性を見つけるのは難しかったようである。

　地理学習において，諸課題の複雑性や重要性について気づかせることは肝要である。しかし，地理学習の初期段階から「地理的な事象や課題は，複雑に関係しあっている」と話をすると，「分かりやすさ」を求める生徒にとってはあまり腑に落ちない話であり，地理は体系だっていないと誤解される可能性もある。今回のように，一通り地理を勉強し終えたまとめの段階で関係構造図を用いることにより，「実はこれとこれが関連しているのか」とか，「課題は思った以上に複雑なのか」ということに気づきやすくなると思う。

　一方，この課題については，具体的な政策提言に結びつけるように生徒に促した方がよかったと考えた。抽象的な解決策を述べただけでは，議論の落としどころがなく，より深みのある議論に結びつかない形になってしまうからである[4]。

　地理の授業は，単に受験のための知識を習得するものではない。授業で学んだ知識を応用し，将来直面する課題について考察し，持続可能な社会を構築する力を身につけるためであると考えている。限られた授業時間でこうした力を身につけるために，今後もシステム思考を活用していきたい。

［注］
（1）　YouTube「ボルネオの猫」https://www.youtube.com/watch?v=s6wA9nyVUZ0（最終閲覧日：2019 年 12 月 12 日）
（2）　グループの課題の提出にあたっては「ロイロノート・スクール」のカードで提出させ，授業内で共有した。
（3）　「13 文字」としたのは，Yahoo のニューストピックスの見出しで用いられている字数であるであるとともに，実践時の受講者が 80 名であり，4 人一組で 20 グループのアイディアを紹介する際できるだけコンパクトにするためのタイムマネージメントの意味もある。
（4）　議論を深める方法として，具体的な政策提言以外には，自分たちでその課題に関する問いを立て，その答え（仮説）を具体的に複数考えるという手段も考えられる。これに関連して，筆者は別の授業実践において，「地球温暖化が進むと，日本の植生はどのように変わり，人間生活はどのように変わるか？」というテーマに対し，関係構造図を使って考察させたことがある。その際は，まとめとして「地球温暖化で日本の○○はどう変化するか？」という問いと答え（仮説）を自分たちで考える課題を提示した（この授業実践は，日本地理学会 2019 年度秋季大会ポスターセッション「地理と生物の教科横断的な学習からみる自然地理学習の課題」において発表した）。

［引用文献および教材開発のための参考文献］
藤原和博（2017）『10 年後，君に仕事はあるのか？－未来を生きるための「雇われる力」－』ダイヤモンド社．

① 国際地理学連合・地理教育委員会と
　ユネスコの指針にみるシステムの考え方

梅村　松秀・阪上　弘彬

　2017年および2018年版学習指導要領では，世界の地理教育の動向を意識した部分が多々見受けられる。たとえば，国際的な地理教育学者のコミュニティである国際地理学連合・地理教育委員会（IGU/CGE）によって公表された「地理教育国際憲章」（1992年），「持続可能な開発のための地理教育に関するルツェルン宣言」（2007年；以下，ルツェルン宣言）が解説編で提示される[1]。またESDはその登場以来，ユネスコが主導機関となり，「国連持続可能な開発のための教育の10年（DESD）」などを通じて普及がなされてきた。IGU/CGEとユネスコが公表するESDの指針ではシステム（アプローチ）に対する言及がみられる。本節では，「ルツェルン宣言」とユネスコの『持続可能な開発のための教科書－組み込みのための指針（*Textbooks for Sustainable Development: A Guide to Embedding*）』（以下，『SDの教科書』）を，①地理教育におけるシステムの考え方，②地理学習におけるシステムを含めたESDの位置づけと扱い方から紹介し，地理学習にシステムの考え方を取り入れるポイントを提示する。

1．「ルツェルン宣言」－地理教育におけるシステムの考え方－

（1）「ルツェルン宣言」の登場背景と概要
　システム・ダイナミクス論[2]に基づくメドウズらの『成長の限界』は，1980年に国際自然保護連合（IUCN）による世界保全戦略において「持続可能な開発」（Sustainable Development, 以下SD）という用語として提起された。その後，ブルントラント委員会による公式用語としての確認を経て，1992年に環境と開発に関するリオ宣言として結実した[3]。ユネスコはその行動計画「アジェンダ21」のタスクマネージャーとなった。同年，IGU/CGEはステークホルダーとして，システムアプローチの学習を「地理教育国際憲章」のなかの主題学習（Thematic Studies）に位置づけた。

　また2007年，DESDに呼応して「ルツェルン宣言」を公表した。「ルツェルン宣言」の最大の特徴は，システムアプローチといえるSDのための「人間－地球」エコシステム概念を21世紀地理教育パラダイムであるとした点である。

　「ルツェルン宣言」は，A「持続可能な開発のための教育への地理学の貢献」，B「持続可

能な開発のための地理カリキュラムを発展させるための基準」，C「地理学における持続可能な開発のための教育の中での ICT の重要性」の 3 章からなる。

　「人間－地球」エコシステム概念に関する記述は，A の SD に関するビジョンにはじまる第 1 文節をうけて，第 2 ～ 8 文節の「人間－地球」エコシステム概念と SD との関わり，第 9 ～ 11 文節の地理学習への展開へと 3 部にわたって記されている。システムアプローチの具体例は，第 10，11 文節に示される地理的能力および学際的能力として示されるが，本稿では，IGU/CGE のシステム観を示すものとしての第 2 ～ 3 文節「人間－地球」エコシステム概念と，社会と個人の相互作用について書かれた第 4 文節を取り上げる。

（2）「ルツェルン宣言」に示される「持続可能な開発」観とは？

　DESD の「持続可能な開発のための教育」に応えるものとして，IGU/CGE によって提起された「人間－地球」エコシステム概念は，第 2 ～ 3 文節に説明される。

> 　IGU/CGE が考える ESD は，『人間－地球』エコシステムの概念に基礎を置く。『eco』はギリシア語『oikos』（オイコス）に由来し，家計の収支を元来意味する。人間が生き抜くという観点からみると，収支は得るより多くのものを消費すべきではない。生態学は，収支の科学とみなすことができる。我々は，自然，文化と社会と経済を含む『人間－地球』エコシステムの収支を維持する必要がある。　　　　　　　　　　（第 2 文節後半）

　エコシステムとは，「たがいに相互作用し，かつ周囲の物理的な環境とも相互作用する植物・動物のコミュニティ」（Rogers *et al*., 2013, pp.121-122）であり，この「コミュニティは物質の流れを通して結ばれている」（Mayhew, 2015, p.152）と辞書（*A Dictionary of Human Geography* など）には記載されている。

　よって，「ルツェルン宣言」の「人間－地球」エコシステムとは，人間システムと地球システムとが相互作用しあいながら構成される全体をエコシステムとしてとらえること，と解釈できる。しかるに，現実世界では，この 2 つのシステムの相互作用としての「開発」の在り様が障害をきたしている。第 5 文節以下では，持続可能な「開発」の在り様として，システム論の視点からの処方が示される。

> 　自然の持続可能な開発は，資源が回復する以上に資源を消費しないことを意味する。我々には，将来の世代のために天然資源を残す義務がある。消費は，再生を上回ってはならない。環境的に有害な活動は，地球のシステムの統合性を回復し保護するために，管理されねばならない。　　　　　　　　　　（第 5 文節）

（3）システムとしての「人間－地球」エコシステムとはどのようなものか？

　第 3 文節では，地球システムと人間システムの 2 つの区分と，それぞれに属するサブシステム群が例示されており，このシステムは入れ子構造であることが示される。この点について，「ルツェルン宣言」の作成に携わったドイツの地理教育学者ハウプリッヒ（Haubrich,

2007）は，地球，社会，個人の３部分から構成されるシステムとして説明している。

　地球システムは，外界（宇宙）とエネルギーの交換を通して，社会システムに空気，水，土壌など資源と吸収源を提供する。社会システムは集落，産業などサブシステムで構成されるものであり，個人システムとの間に食料，住居，教育など生存のために不可欠なものの提供と，それに対する労働，情報，価値観，態度などの提供といった個人の反応がある。これら地球，社会，個人システムは入れ子システムとしてとらえられ，SD のための地理教育としては，エコシステムという用語に倫理的な意味合いが含まれることに留意したい。

（4）社会システムと個人システムとはどのようなものか？

　「人間－地球」エコシステムは，基本的に人間システムと地球システムとの生態的関係の維持を目的としたものだが，これは別の言い方をすれば，人間システムを構成する社会システムも，生態学的あるいはホリスティックであることが前提となっている。

　その意味で，ハウプリッヒは，教育を社会システムと個人システムの相互作用ととらえた。社会システムは教育を通して個人システムの社会化を促す一方で，個人システムは労働の提供をもって社会システムに応えるものとした。つまり，持続可能な社会システムへの変容（進展）とは，個人システムと社会システムとが関わる教育が重要であり，両システム間の正のフィードバックが「持続可能な社会」という新たな平衡をもたらすという期待を含んでいる。

> 　こうしてシステムで考えていくと，自然と社会そして個人がどのように相互につながっているのかを考えるという生態学的思考あるいはホリスティックな思考の必然性に至る。
> （第 4 文節）

２．『SD の教科書』 －地理学習におけるシステムを含めた ESD の位置づけと扱い方－

（1）『SD の教科書』の概要

　『SD の教科書』は，「ESD を一体化する教科書を作成するために，教科書の執筆者および出版社を支援する」（UNESCO MGIEP：Mahatma Gandhi Institute of Education for Peace and Sustainable Development, 2017, p.13）ことを目的に，UNESCO MGIEP によって編集，公刊された[4]。以下，『SD の教科書』の章「地理編」に焦点を当て，その内容を紹介する。なお，ページ数のみの表記は UNESCO MGIEP（2017）を指す。

（2）地理学・地理教育は SD・ESD にどのような点で貢献できるのか？

　地理教育の基盤の一つである地理学でも SD は重要なものであるととらえられている。『SD の教科書』では地理学の SD への貢献点として，①現代社会や SD の問題の構造的・全体（システム）的な把握，②地理的事象に関連する当事者の価値観や利害関係の把握，③場所，空間，スケール，環境といった地理的概念，の３点が提示される。これらが地理学

習の中で活用されることで，学習者たちが「個人や集団の行動の持続（不）可能性をより
よく理解し，日々の生活における身近な地域から地球規模での社会，環境，政治的変化の
空間的関連性を解釈することができる」（p.109）。

　また，ESDにとって望ましい地理的内容とは，「自然システムと人間のシステムの相互関
係に焦点を当てたものであり，（当事者の役割を含む）空間的変動性のさまざまな側面に着
目し，主要な地理的概念を中心とした空間的知識を一つにまとめるものである」（p.110）。

　教授方法は，①調査，②地理学者のように考える学習，③人々自身の経験を基礎とする
こと（学習者主体），の3点である（p.111）。①はフィールドワーク（野外調査）のこと
であり，フィールドに出ることで身近な問題との関連を作ることができ，当事者意識と責
任感の醸成に寄与できる（p.111-112）。②は複雑な問題をシステム的にみることで，対立
する利害関係（者）間で調整できる可能性を開くことができ，地理的に行動すること（acting
geographically）の内容を検討することができる（p.112）。③は身近な問題と地球規模の
問題とのつながりを見出すことができ（p.112），またこのことは「地球規模で考え，身近
なところで行動する（think globally, act locally）」という考えにとって重要である。

（3）学習設計レベルでESDをどのように組み込むのか？

　『SDの教科書』では，ESDとの関連から地理的内容を扱うアプローチとESDの教授原理・
指針に沿って地理の学習課題を方向付けるアプローチが提示される（p.115）。しかし「ESD
のための地理教育の可能性を最大化させるためにも，両アプローチは相互に関連付けられ
て考えられなければならない」（p.115）とあるように，両者は補完関係にあり，両アプロー
チを組み合わせた学習（単元）の設計ができて初めて，ESDが組み込まれたことになる。

　2つのアプローチを考えるにあたり，図1に示すようなスパイダーウェブ[5]が用いら
れる。このスパイダーウェブを用いることで，授業づくりの際に使用された地理的内容の
種類および教授方法を把握するのに役立ち，内容・教授方法が抜け落ちないように，また
補完できるようになる（p.116）。図1の学習内容を扱うスパイダーウェブ1の各項目は地
理学者固有の思考方法に基づいて，地理の学習課題を扱うスパイダーウェブ2の各項目は
ESDの教授原理・指針に沿って設定される。前者においては，「空間における人間－自然環
境の相互関係」，後者では「システムとその動態を学習者に理解させる」が，直接「システ
ム（アプローチ）」に関わる項目である。

（4）ESDの考えに沿った思考モデルはどのようなものか？

　学習者が主体となり学習が展開されるESDでは，学習者自らがSDについて考えること
ができる思考モデルの活用は欠かせない。『SDの教科書』ではESDの教授原理・指針を踏
まえた思考モデルとして，①持続可能性のコンパス（開発コンパス），②氷山モデル，③ピ
ラミッドモデルの3つが提示される（図2）。これらの思考モデルは通教科的なものであり
（p.130），ESDの一領域である開発教育などでも用いられてきた。地理学習との関連では，
①と②は「人間－環境」関係をシステムとしてとらえ，その背後にある価値観や利害の対

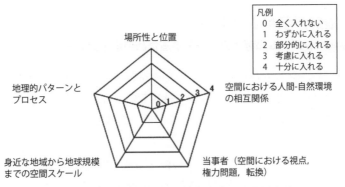

スパイダーウェブ1：ESDのための地理的内容の選択方法

スパイダーウェブ2：ESDの教授原理を活用した地理の学習課題の作成方法

図1　スパイダーウェブ
資料：UNESCO MGIEP（2017，p.118，124）を筆者邦訳・再構成。

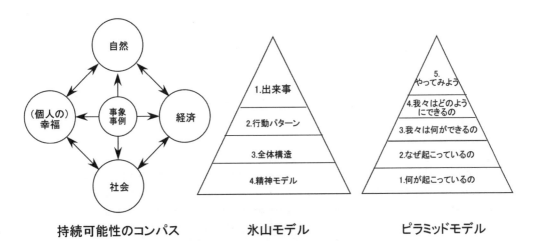

持続可能性のコンパス　　**氷山モデル**　　**ピラミッドモデル**

図2　ESD の考えに沿った3つの思考モデル
資料：UNESCO MGIEP（2017，p.118，124）を筆者邦訳・再構成。

立を考察させる学習において，③は学習者にSDの問題について空間スケールを変化させてとらえさせる中で，各スケールでとるべき望ましい，かつ実行できる解決策を提案させたり，あるいは実際に行動させたりする学習において活用できると考えられる。

３. ２つの指針が示唆するもの
―地理学習にシステムの考え方を導入するためのポイント―

　２つの指針から，システム（アプローチ）の特徴に関して以下の３点が指摘できる。またこれらを考慮することで，地理の目標・特性を踏まえたシステム思考の育成，ひいては持続可能な社会の創り手を育てる地理学習を設計・実践できる。

①学習では，自然システムと人間システムの相互関係（構造）の認識にとどまることになく，人間の振る舞いがシステム全体にどのように影響するのか，人々の振る舞いの背景にある規範や価値観はどのようなものか，という側面にも踏む込むことが求められる。これは，現代社会や問題構造の認識を踏まえ，社会や問題を作り出してきた人々の行動やその背景を理解し，行動規範としての持続可能性の考え方を学習者に獲得させることが，持続可能な社会の形成やその創り手の育成に当たる地理教育が果たすべき役割である。

②地理学習で扱うシステムとは「人間―地球」エコシステムであり，またこれは地球，社会，個人からなる重層的システムである。そして私たちもこのシステムを構成する一部（一要素）である。それゆえに，学習内容には学習者個人がシステムにどのように関与するのか（しているのか）を考えることができる学習内容を設定する必要がある。

③システム的に事象をとらえることができる「持続可能性のコンパス」，「氷山モデル」「ピラミッドモデル」といった思考モデルを活用することで学習を効果的に実施できる。これらは，学習者が諸問題やその背景にある人々の価値観などを構造化・可視化したり，解決策の実現可能性を検討・提案したりする際の手助けとなる。

[注]
(1)「地理教育国際憲章」は中・高校ともに提示され（文部科学省，2018，p.33；文部科学省，2019，p.39），「ルツェルン宣言」は高校のみである（文部科学省，2019，p.19）。なお「ルツェルン宣言」は，大西（2008）によって邦訳されている。
(2) メドウズほか（2005，p.vii）において「われわれプロジェクト・チームは，システム・ダイナミクス理論とコンピュータによるモデリングを用いて，世界の人口と物質経済の成長の長期的な原因と結果を分析した」と示されている。
(3) 1980・90年代の開発教育にはすでにシステム思考が看取される。パイク・セルビー（1997：原著は1989年）は，80年代に広がった「グローバルな相互依存」の認識について，土地と人の寄せ集めとみる世界観（ビリヤード・モデル）から「土地と人間が一つのシステムを構成する新たな段階へと転換しつつある」クモの巣モデルへの転換を示唆した。日本ユニセフ協会（1992）は，「世界を一つのシステムとして見ること，現実に存在する網の目のように入り組んだ関係を理解すること，網の目をなす部分の間の微妙なバランスを正しく知ること，組織のどの部分の変化であれ，それは全体に影響を及ぼすことを認識すること」とシステム思考の基本を記した。WWFスコットランドは教育者，学生向けのシステム思考入門として「リンキング思考(Linkingthinking)」を公刊し，そこでSterling（2005）は，クモの巣モデルとともに，リレーショナル思考，生態学的思考，ホリスティック思考，統合的思考，リンキング思考などはいずれもシステム思考に共通する概念であることを記し，また２つの前掲書の手法を本編や「ツールボックス」などに再録した。
(4)『SDの教科書』は，ESD・SDGsなど大枠に関する「導入編」と数学・言語・科学・地理の各教

科における取組み指針を示した章から構成される。

(5) スパイダーウェブとは「地理教科書に ESD を組み込みたいと考える教科書執筆者のためにその方向性を提供する」(UNESCO MGIEP，2017，p.115) ものである。

[引用文献]

大西宏治訳（2008）持続可能な開発のための地理教育に関するルツェルン宣言（全訳）．新地理 55 (3/4)，pp.33-38.

日本ユニセフ協会（1992）『開発のための教育－ユニセフによる地球学習の手引き--』.

パイク，G.・セルビー，D. 著，中川喜代子監修，阿久澤麻理子訳（1997）『地球市民を育む学習』明石書店.

メドウズ，D. H.・メドウズ，D. L.・ランダース，J. 著，枝廣淳子訳（2005）『成長の限界　人類の選択』ダイヤモンド社.

文部科学省（2018）『学習指導要領（平成 29 年告示）解説 社会編』東洋館出版社.

文部科学省（2019）『学習指導要領（平成 30 年告示）解説 地理歴史編』東洋館出版社.

Haubrich, H. (2007) Geography Education for Sustainable Development. Reinfried, S., Schleicher, Y. and Rempfler A. eds., *Geographical Views on Education for Sustainable Development. Proceedings of the Lucerne-Symposium, Switzerland, July 29-31, 2007. Geographiedidaktische Forschungen*42, 27-38.

Mayhew, S. ed. (2015) *A Dictionary of Geography*. Oxford University Press. 5th edition.

Rogers, A., Castree, N. and Kitchin, R. eds. (2013) *A Dictionary of Human Geography*. Oxford University Press.

Sterling, S. (2005) Exploring Sustainable Development through Linkingthinking Perspectives. WWF Scotland ed., *Linking Thinking: New Perspectives on Thinking and Learning for Sustainability*. WWF Scotland.

UNESCO MGIEP (2017) *Textbooks for Sustainable Development: A Guide to Embedding.* UNESCO MGIEP.

② 各国の地理教育でのシステムアプローチの動向

山本　隆太・レンプフラー　アーミン

　前節では，国際的な地理教育の動向において，システム（アプローチ）がどのように論じられてきたのかをみた。ここでは，英米独などを取り上げ，各国でのシステムアプローチについて紹介する。

1. イギリス

　Beaumont *et al.*（1997）執筆のケンブリッジ地理プロジェクト『世界の地理コアブック』より，イギリスの取組みを紹介する。単元「地理とエコロジー」には，「自然環境はシステムの集まりとして探求することができる」とある。そのイメージ例として，「ステレオシステム」が挙げられている。

　プレーヤー，チューナー，アンプ，スピーカーなどからなる一つの音響システムである「ステレオシステム」は，①電源を入れることでプレーヤーなどに電気エネルギーが入力され，②読み取られたＣＤの情報が電気エネルギーに変換され，③アンプで増幅された後，④スピーカーで音エネルギー（音波）として出力される，という「システム」である。

　たとえば，マイクをスピーカー部分に向けると，音がマイクからの入力と，スピーカーからの出力を繰り返すことでハウリング現象が起こる。ハウリングはシステムという観点から整理すると，入力・出力が「フィードバック」し，ループするという「振る舞い」（反応パターン）を示している。

　イギリスの地理では，こうしたフィードバックや振る舞いなどといったシステムの観点から，自然環境をとらえていくのである。

2. アメリカ

（1）すべてのアメリカ人のための科学

　「すべてのアメリカ人のための科学」（AAAS, 1989）は，科目・分野を超えて高校卒業段階までに身につけるべき考え方を，6つの重要な「共通の主題」にまとめており，そのうちの一つが「システム」である。「物事の集まりをシステムとみなすこと」で「構成要素間の相互作用」に注目することの大切さや，「それぞれが他の構成要素との関係においての

み完全に理解できる」（他の要素がないと完全には理解できない）という，要素還元的な見方ではないホリスティック（全体的）な視点を提示している（AAAS, 1989, p.124）。教育を通じて，こうした相互作用やホリスティックな見方を身に付けることが目指されている。

（2）カリフォルニア州環境教育プログラム

たとえばカルフォルニア州の環境教育プログラム[1]には，ヒューマン・エコロジーの視点が社会と理科の教科学習に導入されている。ヒューマン・エコロジーとは，図1のように，「人間と人間を取り巻く環境との相互作用を，人間の社会システムとそれを除いた残りの生態系部分との相互作用」ととらえる考え方である（マーティン，2005）。

この環境教育プログラムは小中高を通じて扱いうるもので，たとえば，小学校3年生では，「身近な地域の自然的特徴と交通がどのように関係しているのか。交通渋滞緩和のための自転車専用道の開発は，生態系と私たちの生活にどのような影響をおよぼすのか」を考える単元がある。4年生では「カリフォルニア州の交通システムが生態系をどのように利用し，また影響させて

図1　ヒューマン・エコロジーの概念図
資料：宮崎（2010）をもとに筆者作成。

いるのか」を考える。こうして，交通の発達による生態系の利用や変化，CO_2 排出や廃タイヤによる生態系の破壊，そして，これまでとは異なる新たな交通体系や政策提案の考案へと，ヒューマン・エコロジーに基づく学習が小中高と展開する。

（3）PLT 教材「植物の育ち方」

Project Learning Tree（PLT）という著名な環境教育プログラムでは，小中学生向けの教材に「植物の育ち方」という単元がある。「植物は日光，空気，水，栄養，そして成長するための場所を必要とする生命システムです。生徒は，植物の基本的な要求が満たされないとき何が起こるかを調べるための実験を行います」と書かれている（ERIC 国際理解教育センター，2009）。植物が，日光や空気や水が存在する大気圏や水圏，ミネラルが存在する地圏，そして生物圏そのものとも関わり合いながら存在する一つの生命システムとみなされている。このように，PLT はシステムの視野に立ち，社会科，国語，芸術などをつなぎ，教科横断的な環境学習を成立させることをねらいとしている。

3．ドイツ・スイス

（1）地理システムコンピテンシー

ドイツやスイスは近年，システムアプローチの最も先進的な取組みを行っている。その最たるものが「地理システムコンピテンシー（資質・能力）」の開発である。

近年話題になっているコンピテンシーは，その元をたどると，OECD の「コンピテンシー

表1　実証研究を経た地理システムコンピテンシーモデル

コンピテンシーの段階	コンピテンシーの次元	
	システムの組織と挙動（組織・挙動）〈知の獲得〉システムの構造，境界，創発，相互作用，ダイナミズム　生徒は，複雑な現実世界をシステムとして把握し，そのシステムの機能と挙動を分析する。	システムに応じた行動をとる意志（システム行動意志）〈知の活用〉システムの予測と調整　生徒は，システミックな予測と調整といったシステムに応じた行動をとる意志をもつ。
段階1	生徒は，少数（2～3）の要素と関係を，個々の関係あるいは単一因果の関係として特定する，また，不明瞭ながら境界線引きができる関係として特定する。機能の理解とプロセスの理解に基づいて，単一因果的な展開プロセスを分析する（未発達な理解での分析となる）。	生徒は，少数（2～3）の要素と関係に対して，単一因果的な分析，影響の曖昧な予期，程度の低い複雑性縮減に基づいて，予測と調整的措置を行う。
段階2	生徒は，中程度の数（4～5）の要素と関係を，線形かつ適度に境界線引きができる関係として特定する。　相互関係，直列関係，並列関係，簡素な収支関係（ストックとフロー）の理解に基づいて，線形的な展開プロセスを分析する。	生徒は，中程度の数（4～5）の要素と関係に対して，線形の作用分析，影響の予期，適度の複雑性の縮減に基づいて，予測と調整的措置を行う。
段階3	生徒は，数多く（6以上）の要素と関係を，かなり複雑な関係として特定し，かつ，明瞭な境界線引きができる関係として特定し，複雑なシステムの一部として特定する。フィードバック，循環，収支関係（ストックとフロー），非対称性，創発の理解に基づいて，線形と非線形の交じり合う複雑な展開プロセスを分析する。	生徒は，数多く（6以上）の要素と関係に対して，複雑な作用分析，影響の予期，強い複雑性の縮減，予測の限定合理性の自覚に基づいて，予測と調整的措置を行う。

資料：Mehren *et al.* (2015) を筆者一部修正。

の定義と選択プロジェクト」（DeSeCo, 1997-2003）が基礎となっている。当プロジェクトで先導的な役割を果たしたスイスは，現在でもコンピテンシー開発に力を入れている。

　表1は，2016年にドイツとスイスで共同開発された地理システムコンピテンシーの内容を示した表である。2つの次元と，3つの難易度から構成されている。組織・挙動の列は，地理的な事象を構造的かつ全体的に理解するための能力の3段階を示している。システム行動意志の列は，地理的な事象を予測し調整するための能力の3段階を示しており，たとえば，「もし～ならどうなるか」（what-if）という問いかけを通じて地域や課題のこれから（将来）を予測し，またそれに対する対応策（調整策）について考えるコンピテンシーが設けられている。これらをきわめて端的にいえば，関係，構造，全体的視野，予測，調整というキーワードで整理できる。

（2）カリキュラムでのコンピテンシー

　ドイツ北部のシュレスヴィヒ・ホルシュタイン州のカリキュラムでは，地理教育で育む

表2　システムをとらえるための3つの特性

特性	内容	●具体例　Q．問いの例　◆学習例
構造（Structure）	地形や経済等のような地因子（ジオファクター）の集合体は，それ特有の「構造」をもつ	●ある地域の地形や集落などの地因子の集合体 Q．この地域にはどのような地形や経済，交通等があるだろうか？ ◆地域にある地因子を挙げ，配置して図を作成する（事象の列挙と整理）
機能（Function）	地因子が持つ特性は，他の地因子との関係性の中で「機能」を発揮する	●ある地域の気候と植生との関係性 Q．針葉樹林の植物が寒帯に多く存在するのはなぜだろうか？ ◆因果関係を根拠として地因子同士を線で結ぶ（各事象間の関係性の把握）
過程（Process）	過去から将来に向けて，地因子の集合体や関係性が変化する「過程」を辿る	●ある地域の特定の期間での社会経済構造の推移と変化 Q．過去の地域構造を基に考えると，10年後のA市にはどんな企業・工場が増えていくだろうか？ ◆地域の構造と機能に基づいて，最悪のシナリオと持続可能なシナリオを考える（事象の展開の予測と解決策の考案）

資料：シュレスヴィヒ・ホルシュタイン州教育省（2015）をもとに筆者作成。

コンピテンシーの一つとして「人間－環境システム」が設定されている（シュレスヴィヒ・ホルシュタイン州教育省，2015）。自然地理と人文地理の要素や相互作用の分析を通じて地域の発展や地理的問題を調査するための資質・能力であり，その育成に向けては次の5つの基準（スタンダード）が設定されている。

A：空間の活用や形成に向け，自然的要素と人文的要素の機能や相互作用を記述でき，分析できる。
B：空間の活用と形成がもたらす影響について説明できる。
C：個々の地域や主題について，空間の活用と形成の影響をシステムとして説明できる。
D：空間の開発や保護のために実行できる生態的，社会的，経済的な方法について説明できる。
E：得た知識を他のさまざまなスケールの空間へと応用できる。また，それぞれの空間の共通点と相違点について説明できる。

これらは単元あるいは1時間の授業で育まれるシステムの資質・能力の基準として，カリキュラムに示されている。
また，システムをとらえるための3つの特性についても示されている（表2）。

４．ドイツの教材「ソマリアの海賊」

（１）育てたい生徒像

　ここでは，ドイツのシステムアプローチの教材である「ソマリアの海賊」[2] を紹介する。

　国際海運の要衝であるソマリア沖では 1990 年代以降，誘拐や強奪などの海賊行為が問題となっていた。国際連合安全保障理事会は 2008 年，海軍派遣を決議するなど国際的に足並みをそろえた対応策をとった。その結果，海賊行為を激減させることに成功し，国際社会の安定に貢献した。

　以下は，この事例を学んだ 2 人の生徒の意見である。

A「海賊がグローバルな船舶の物流を阻害していたが，世界各国が協力して対応したことで解決できた。地球的課題に対してはやはり世界各国が国際的に協力して取組むことが重要であり，今後も国を超えて協力しながら取組むべきである。」

B「海賊対策の成果は出ているが，こうしたシンプルな解決策が最善とは限らない。海賊だった人々はその後，どのように生計を立てているのかを知る必要がある。それに，彼らはそもそもどういった経緯で海賊になったのか，背景を知る必要がある。」

　ここでは，問題の構造を批判的にとらえた B が，システム思考をもつ生徒といえる。先に示した表 1 は，こうした判断能力をもった生徒を育てるための能力モデルである。なお，あえて言及すれば，問題を単に批判的にとらえるのみならず，問題の構造や解決策の影響範囲を俯瞰的にとらえようとしている点がシステム思考の特性といえる。

（２）教材の展開

　教材の展開は以下である[3]。上記のようなソマリアの海賊問題の「解決状況」をまず理解した上で，生徒は，ソマリアにおける①歴史・政治状況，②気候条件・社会経済状況，③海賊の経済的側面，④生態系の問題，についてグループで学ぶ（ジグソー学習でいうエキスパート）。各グループの内容をもう少し具体的に取り上げると次のようになる。

①ソマリアは破綻国家として安全，福祉，権利が十分に保障されていない状況にある。破綻国家へと至った歴史的経緯について内戦や分割の歴史から検討するとともに，それらと海賊行為との関連性を考察する。

②通常の雨季乾季と農業の関係を理解した上で，2010 年・2011 年の東アフリカ大旱魃による農作物や家畜への被害，飢餓と難民キャンプの状況を資料や地図から読み取る。ソマリアの気候・社会問題を分析した上で，それらと海賊行為との関連性を考察する。

③身代金請求により多額の金品がやりとりされるが，実際の海賊行為をする者たちの手にはほとんど金品が渡らない一方，内陸部の都市開発や自動車普及に対して経済的影響が

及んでいることを資料から読み取り，海賊行為の経済的影響を考察する。

④ソマリア沿岸部では外国漁船による違法漁業や核汚染廃棄物を含む有害廃棄物の海洋投
　棄が多発しており，海洋生物が大量死したり沿岸部住民に疾患が見られたりする状況を
　資料から読み取る。ソマリア沿岸部の生態系の問題と海賊行為との関連性を考察する。

　続いて，各グループのメンバーから構成される新たなグループ（ジグソーグループ）を
作り，海賊問題が生まれるに至った各要素の影響関係について，コンセプトマップを作成
して問題の構造を可視化する。

　生徒がコンセプトマップを作成した段階で，教員は新たな新聞記事を提示する。この記
事は，海軍配備により海賊は激減したものの，内陸のケニアに問題が移動したことを報じ
るもので，海軍配備が結果的に本当の解決を導いたとはいえないことを確認する（「昨日の
解決策が今日の課題を生む」）。

　そこで，この問題のカギ（ドイツ語ではネジと表現）となる事象を，自分たちで作成し
たコンセプトマップ上で探すとともに，それを踏まえた海賊対策・対応について議論する。

　①から④の各エキスパートは，たとえば漁業関連施設の建設支援や村レベルでのアプロー
チを考えるなど，それぞれのスタンスからの解決策を提示する。それら解決策をつなぎ合
わせていくが，その際，持続可能性という規範に従い，地域のアクターの多次元的な参画
を踏まえた解決戦略が有効性を持つことを考えさせる。

　なお，留意点としては，「一つの解決策」ですべてを解決しようとしないことである。地
理的な事象がつながり合っているように，それぞれの問題もつながりあっており，解決策
もつながりあっている。一つの解決策で問題を解決しようとすることは，そのつながりの
ネットワークにおいて一時的／局所的にとてつもなく大きな影響をもたらすことを意味す
る。これは長期的に見た場合，どこかにひずみをもたらす可能性が少なくない。昨日の解
決策が今日の問題を「生まない」ためにも，その点をつねに意識できる態度形成を行う必
要がある。

5．その他の国々と日本でのシステムアプローチ

　システムアプローチが「地理教育国際憲章」で取り上げられた（本書 p.107 参照）こと
もあり，世界各国の地理教育での取組みがみられる。たとえば，ベルギーではシステムア
プローチが重要性を増しており，現在では生徒のシステム思考を測定する研究が進められ
ている (Cox *et al.*, 2018)。フィンランドでは，生態系と社会の関係を考えるエコソーシャ
ルアプローチ（Eco-social approach）に注目が集まっている。

　海外ではすでに一定の実践が行われているシステムアプローチは，将来を見通すことが
困難で正解の見いだせない時代（VUCA の時代）と SDGs の進展する中，ますます重要性
を増している。日本では今後の展開に期待がかかる。

[注]
(1)　ウェブサイト「California Education and the Environment Initiative」https://www.californiaeei.org/epc/
（最終閲覧日：2019 年 11 月 19 日）
(2)　教材の出典は Mehren（2015）である。
(3)　詳細はレンプフラー（2018），山本（2019）を参照。

[引用文献]
ERIC 国際理解教育センター編訳（2009）『「木と学ぼう」－よりよい質の環境教育を目指して PLT PreK-8 合冊版－』ERIC 国際理解教育センター.
マーティン, G. G. 著，天野明弘監訳（2005）『ヒューマン・エコロジー入門－持続可能な発展へのニューパラダイム－』有斐閣.
宮崎沙織（2010）ヒューマンエコロジーの視点による社会科環境リテラシー学習. 谷川彰英監修，江口勇治・井田仁康・伊藤純郎・唐木清志編著『市民教育への改革』東京書籍，pp. 96-104.
山本隆太（2019）ソマリアの海賊問題で「昨日の解決策が今日の問題を生む」を考える. 地理 64（1），pp.108-113.
山本隆太・梅村松秀・宮崎沙織・泉　貴久（2018）英米独の地理教育におけるシステムアプローチ. 地理 63(3)，pp.104-109.
レンプフラー，A. 著，山本隆太訳（2018）地理教育における地理システムコンピテンシー開発. 新地理 66（3），pp.41-48.
AAAS: American Association for the Advancement of Science (1989) *Science for All Americans*.
Beaumont, A., Herrington, J. and Wheatley, R. (1997) *World Geography: Core Book (Cambridge Geography Project Key Stage 4).* Cambridge University Press.
Cox, M., Steegen, A. and Elen, J. (2018) Using casual diagrams to foster systems thinking in geography education. *International Journal of Designs for Learning* 9(1), pp.34-48.
Mehren, M. (2015) Piraterie vor Somalia. Ein komplexes Problem systemisch betrachtet. *Geographie aktuell & Schule*215(37), pp.30-40.
Mehren, R., Rempfler, A., Ulrich-Riedhammer, E. M., Buchholz, J. und Hartig, J. (2015) Wie lässt sich Systemdenken messen? Darstellung eines empirisch validierten Kompetenzmodells zur Erfassung geographischer Systemkompetenz. *Geographie aktuell & Schule*215(37), pp.4-16.
シュレスヴィヒ・ホルシュタイン州教育省編（Ministerium für Bildung, Wissenschaft, Forschung und Kultur des Landes Schleswig-Holstein Hrsg.）(2015) *Fachanforderungen Geographie. Allgemein bildende Schulen, Sekundarstufe I, Sekundarstufe II.* Schmidt & Klaunig.

　ここに挙げた 14 冊の書籍は，システム思考に
ついての入門書，専門書などさまざまな性格をも
つものである。また，システムという用語を直接
用いていないものの，応用的見地からそれに関連
する書籍も取り上げている。

　右図は、これらの書籍の特徴を読みやすさ（縦
軸）と背景にある考え方（横軸）で整理したもの
であり，書籍を選ぶ際に参考にしてほしい。いず
れにせよ，読者の関心に合わせて，さらなる学び
を深めていただけると幸いである。（①を除き，価
格は税別）

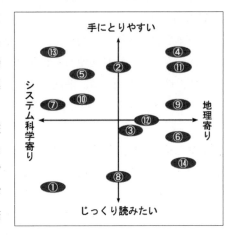

①北川敏男・伊藤重行編『システム思考の源流と発展』（九州大学出版会，1987 年，2,600 円）
　　要素還元主義の典型としての世界観にもとづく教科書展開にあきたらず，ノンフォー
　マル教育との関わりで，ホリスティックビジョンに開眼された頃，すでに，この国のシ
　ステム論研究の先達は，「システムとしての」世界観の提起を議論していた。システム論
　の歴史に始まり，「情報化社会」とシステムの関わりという当時としては最先端トピック
　の締めくくりまで，この国のシステム論を探究する上でまず手にすべき書。

②スー・グレイク，グラハム・パイク，ディヴィッド・セルビー（阿部治監訳，（財）世界
　自然保護基金ジャパン訳）『環境教育入門』（明石書店，1998 年，1,400 円）
　　『環境教育入門』とあるが，内容は英国のワールドスタディーズを基盤とした「持続可
　能性をめざす教育」について記されている。原著は 1987 年発刊で，当時の社会情勢を
　表す記述がありつつも，既存の教育の枠組を問い直し，システムの理解に重点をおいた
　教育の手立てや実践集が具体的に示されている。システムアプローチを導入した教育の
　基本や実践例を知ることができる入門書の一つである。

③ジェラルド・G・マーテン（天野明弘監訳，関本秀一訳）『ヒューマン・エコロジー入門
　－持続可能な発展のためのニューパラダイム－』（有斐閣，2005 年，2,700 円）
　　本書は，「持続可能な発展」のために必要な新たな環境及び社会認識を，システム論

の概念を用い，ヒューマン・エコロジー（社会システムと生態系の相互関係性の総称）として提示したものである。前半では，ヒューマン・エコロジーに関わる諸概念を扱い，後半では持続可能な発展に向けたヒューマン・エコロジーのあり方について述べている。持続可能な発展に向けた人間社会―生態系をとらえる基本的な考え方を知ることができる。

④漆原和子・藤塚吉浩・松山　洋・大西宏冶編『図説 世界の地域問題』（ナカニシヤ出版，2007年，2,500円）

　日本を含む世界の諸地域における地域問題を人間の営みと自然環境の両視点から，主題図，グラフ，写真を使ってわかりやすく解説する。また地域問題の現状認識にとどまらず，問題の将来展望，解決に向けた視点も同時に提示されている。地域問題を扱う授業をデザインする際にぜひ読んでほしい1冊。

⑤鳥海光弘『地球システム学のすすめ』（NTT出版，2008年，1,900円）

　地球システム学は，地殻，大気，海洋，生物といった多数の要素が複雑に絡みながら働く一つの大きなシステムとして地球をとらえていく総合的な自然科学である。本書は，その見地から最新の地球の姿を読み解く方法について説明されている。地球システム学は近年，人間圏をも研究対象に位置づけており，持続的な人間圏と地球システムの安定を目指した人文・社会科学を取り込んだ総合的科学としての地位を確立しようとしている。

⑥三澤勝衛『三澤勝衛著作集　風土の発見と創造　第3巻　風土産業』（農山漁村文化協会，2008年，6,500円）

　三澤は1930年前後に活躍した地理教育者である。本書は地域の産業育成に地理学の手法を取り入れた三澤の代表作である。三澤は，自然と郷土の脈々と引き継がれてきた努力を総合し，それらが相互に関わる「風土」を信州の地域振興に結びつけた。本書では，徹底的な観察によって得られた卓越風と農作物適地のシステムが紹介される。後半では，風土との調和を根底として，エネルギーのフローによる産業経営の連環図が紹介される。

⑦マーガレット・J・ウィートリー（東出顕子訳）『リーダーシップとニューサイエンス』（英治出版，2009年，2,200円）

　システムの振舞いとしてのフィードバックは，時間と空間のもと自己組織化をもたらす。原著第3版（2006）には，本書への書評が40余り付され，「史上最高のビジネス書の一つ」に象徴される。センゲは，近代科学の限界を示唆したが，ウィートリーは，それを乗り越えるものとしてニューサイエンスを提起する。地理教育のありよう，自分の思考様式の根源を問い直す上で，この書は一片の通読書に止まるものではない。

⑧トレイシー・ストレンジ，アン・ベイリー著，OECD 編（濱田久美子訳）『よくわかる持続可能な開発－経済，社会，環境をリンクする－』（明石書店，2011 年，2,400 円）

　私たちが目指す持続可能な社会（開発）とは，そもそもどのような状態のことなのか。本書は，SDGs や ESD の中心的な考え方である「持続可能な開発」について，事例を用いて説明する。「持続可能な開発」が環境，経済，社会の３つの協調がとれた開発であること，３つの協調を考える上でシステム思考，未来志向が必要なことを知ることができる。

⑨アレクサンダー・フォン・フンボルト（木村直司編訳）『フンボルト　自然の諸相－熱帯自然の絵画的記述－』（筑摩書房，2012 年，1,300 円）

　フンボルトは地理学の祖と呼ばれ，19 世紀半ばの未完の大著『コスモス』で宇宙と地球の自然システムの全体性・統一性について論じた。彼は，自然と相対する人間自身の知性や心情が本来有する全体性・統一性の再確認を意図した。本書では，南米の乱開発や灌漑による人為的環境変動を論じ，奴隷制，モノカルチャー経済を批判している。「自然も人間もすべてはつながっている」という地理学に埋め込まれたシステムの考えは彼に始まる。

⑩前野隆司編『システム×デザイン思考で世界を変える－慶應 SDM「イノベーションのつくり方」－』（日経 BP 社，2014 年，1,800 円）

　慶應義塾大学システムデザイン・マネジメント研究科（慶應 SDM）において，イノベーション創出・デザインプロジェクトとして実践されてきた各方面との連携活動を，手法・方法論・活用事例の３点でまとめたテキストである。システム思考とデザイン思考を融合させることで，物事を全体的にとらえ，システマティックに分析する方法がまとめられている。

⑪ジョン・A・マシューズ，デイヴィット・T・ハーバート（森島　済・赤坂郁美・羽田麻美・両角政彦共訳）『マシューズ＆ハーバート　地理学のすすめ』（丸善出版，2015 年，1,900 円）

　大学生向けに書かれた地理学の入門書である。イギリスの大学教員である二人の著者が特に第４章で自然地理学と人文地理学の両者をつなぐ統合地理学として語る。自然環境と人間の間の互恵的相互作用を俯瞰的にとらえ，資源開発，自然災害，グローバル化などの環境と社会の複雑なシステムを解明する地理学の考え方を例示する。

⑫杉本憲彦『風はなぜ吹くのか、どこからやってくるのか』（ベレ出版，2015 年，1,800 円）

　気象学・地球流体力学の専門家が，海風や陸風，フェーンやビル風といったさまざまな風が吹く仕組みを解説した入門書である。風をシステミックにとらえ，気候と風の関わり，未来の風の予測までがコンパクトにまとめられている。

⑬ドネラ・H・メドウズ（枝廣淳子訳）『システム思考をはじめてみよう』（英治出版，2015年，1,200円）

　　著者は，システム・ダイナミクス研究の第一人者で，ダートマス大学（米国）で教鞭をとる傍ら，システム思考の意義について世に伝えるコミュニケーターとして活動してきた。本書は，彼女が雑誌などに執筆したエッセイ8遍が収録されており，どれも具体例を挙げながら社会情勢や世界における複雑なつながりを，読者にじっくりと考えさせる工夫が随所になされている。

⑭岩田修二『統合自然地理学』（東京大学出版会，2018年，3,800円）

　　近年の自然地理学においてシステム論を真正面から取り上げた。9章ではシステム科学と地理学の関係が論じられており，これと関連した研究成果が載録されている。「大陸が動けば氷河時代になる」（コラム）からは地球規模の「風が吹けば桶屋が儲かる」が想起される。「アムール川とオホーツク海の環境変化」（第14章）は，本書第2章の執筆者の中村洋介氏も授業実践に結びつけた，地理システムのわかりやすい事例である。

開発コンパス（Development Compass）

　システムの要素を自然（Nature）・経済（Economy）・政治（Who decides?）／幸福（Well-being）・社会（Society）の4区分でとらえ思考するツール。各区分の頭文字をつなぐと、東西南北を意味するNEWSとなる（本書の「泉実践」p.59参照）。

関係構造図（Network of Interrelations）

　システムにおける要素の関係と構造を、自然圏（岩石圏・大気圏・水文圏・生物圏）と人類圏（人口・心理・社会・技術・経済）の9区分でとらえ、可視化し思考するツール（本書の「金田実践」p.18、「田中実践」p.47、「中村実践」p.66、「今野実践」p.99、「吉田実践」p.103参照）。

システム（System）

　相互につながっている一連の構成要素の集まりのことを指す。システムの構成要素は構造を形作るとともに、その構造は総体としての挙動（振る舞い）を示す。古代ギリシア語では「共に」（sy）「立つ」（stem）の意味。「全体は部分の総和以上」と表現される。そこから「問題はつながっている。解決策もつながっている」という発想へと通じる。

システムアプローチ（Systems Approach）

　システムの見方や考え方（システム思考やネットワーク思考）に基づき、複雑な物事を理解し対処すること。相互関係から成り立っている構造を把握することと、その構造が生み出す全体的な挙動をとらえる方法。システムズアプローチともいわれる。

　・「相互関係を理解する」とは、事象の間のつながりを理解すること。事象の「関係」と「構造」をとらえること。関連して、システマティック（systematic）とは、「システムの構造について」あるいは「構造的」の意味。

　・「全体を理解する」とは、事象の相互関係が過去－現在－将来という時間軸の中でどのような「振る舞い」（behavier）をみせるかを理解すること、予測すること。相互関係が生み出す、システムのダイナミックな振る舞いをとらえること。これに関連して、システミック（systemic）は、「システムの全体について」あるいは「全体的」の意味。

システムループ図（Casual Loop Diagram）
　システムにおける事象のフィードバックループを考えるための思考ツール（本書の「長谷川実践」p.33 参照）。

持続可能な開発（Sustainable Development）
　自然と社会・経済のバランスを，世代を超えて維持するための発展の方法。『成長の限界』で指摘された。持続可能性という考え方は古くは，木材を伐採する場合，その森が有する再生能力の中で伐採し利用し続けるという森林経済としてカルロヴィッツ（独）が提唱。

持続可能な開発のための教育（ESD: Education for Sustainable Development）
　地球や地域といった対象を，持続可能な状態へとつくりかえる力を育む教育。そうした力はシステム思考やシナリオ思考などの「持続可能性コンピテンシー」により形作られる。

ストック＆フロー図（Stock and Flow Diagram）
　システムにおける事象のストック（貯蔵）とフロー（流れ）を考えるための思考ツール（本書の「今野実践」p.95 参照）。

地理システムコンピテンシー（Geographical System Competence）
　システム思考を用いて複雑なシステムの構造に気づかせるとともに，構造が生み出すシステムの全体的な挙動を理解し，システムに適応した形での持続可能な課題解決を考える資質・能力。

人間－環境関係（Human-Environmental Interactions）
　人文的現象と自然的現象が関係しあって存在している動的な状態のことで，単に並列で叙述されること（静態地誌）ではない。また，相互の関係を地人相関論のように因果関係でとらえるのではなく，システム論（再帰的な関係論）でとらえること。学習指導要領では，「人間と自然環境との相互依存関係」ともいわれる。

複雑（Complex）
　システムの複雑さとは，単に要素が多いことではなく，システムの振る舞いの複雑さであり，予測の困難さとして現れる。一概に，「要素が多いと複雑」ともいえず，「要素が少なくとも複雑」な現象もある。同様に，「要素が多くとも複雑ではない」システムもある。複雑さは現代世界の特徴の一つであり，どうやってコントロールするかが現代的課題である。「簡単だが間違っていることと，複雑だが正しいことのどちらを選ぶか」（人はわかりやすい方向に流れがちであることを示唆したコピー）。

　本書は，日本地理教育学会研究グループ「地理教育システムアプローチ研究会」における 2018 年度・2019 年度の活動成果の一つとして位置づけられ，主に月刊誌『地理』の連載「システムアプローチで考える地理教育」（2018 年 2 月号～ 2019 年 3 月号）に掲載された論考と実践報告が下地となっている。本書の出版に際し，2017 年および 2018 年版学習指導要領の実施を目前に控え，準備を進めている中学・高校の教育現場に多少なりとも貢献することができるように，また，現場で奮闘している多くの先生方がシステム思考を十分理解し，それを踏まえた授業を比較的容易に展開できることを，企画段階から目指してきた。

　そのため本書は，第 2 章の授業実践をメインに構成し，そこでは 12 の実践の構想過程，授業の実際，学習者の様子と成果・課題，読者へのメッセージを示した。また新学習指導要領下における中学・高校での学習内容と関連づけるためのマトリクスを設定することで，「新時代の地理授業」が比較的容易に実施できるよう配慮を施した。

　さらに，いずれの実践においても，第 1 章の 2 つの論考で示されている関係構造図やループ図など学習者のシステム思考を促すツールを活用しており，探究型の学習プロセスとのかかわりからそれらのツールを位置づけることで，「主体的・対話的で深い学び」を試みている。各々の実践を垣間見ることで，地理が「自然的・社会的諸事象間の関連性を総体としてとらえ，そこから問題を発見し，多面的・多角的な視点から解決策について考えていくことで，持続可能な社会を目指していく科目」であることを再認識させてくれる。

　一方，システム思考の底流となっている考え方については，国際地理学連合・地理教育委員会の掲げる「地理教育国際憲章」や「ルツェルン宣言」の理念に基づいていること，それらの理念が世界各国の地理教育に大きな影響を与えていること，日本の地理教育もそうした世界的な潮流の中にあり，それがユネスコの掲げる ESD（持続可能な開発のための教育）ともリンクしていることが，第 3 章の 2 つの論考を読むことで理解できる。

　いずれにせよ，本書が刊行されたことを機に，日本における「システム思考を育む地理教育」の発展に寄与するのであれば，我々編者・執筆者にとっては望外の喜びである。

　最後になったが，本書の企画に賛同し，玉稿を執筆してくださった研究会のメンバー諸氏にまずはお礼申し上げたい。また，今回の執筆には携わらなかったものの，主に都内で開催される会合（新型コロナウィルスの感染拡大以降はオンラインでの会合）に頻繁に参加し，議論に積極的に加わった方々，遠方ないしはご自身のご都合ゆえに会合になかなか

参加できないものの，SNSなどに積極的に情報を発信してくださった方々にもお礼申し上げたい。さらに，我々の活動を常に温かく見守ってくださり，時には的確なアドバイスをくださる地理教育・地理学等に関係される諸先生方にも感謝申し上げたい。そして何よりも，本書の編集にお骨折りいただいた古今書院の原光一氏には最大の敬意を表したい。氏の月刊誌『地理』連載時から続く叱咤激励のアドバイスがあってこそ，本書の刊行は可能になったといえるからである。

2021年1月吉日

編者を代表して　　泉　貴久

【編者略歴】

山本 隆太　やまもと りゅうた
　　静岡大学地域創造教育センター准教授
　　1982 年愛知県生まれ，専門分野は地理教育。主な著書・論文として『世界地誌シリーズ 11 ヨーロッパ』（朝倉書店，2019 年，分担執筆），「ドイツ地理教育におけるシンドロームアプローチの受容とその意義－ESD による影響を中心として－」（新地理 63（1），2015 年）。

阪上 弘彬　さかうえ ひろあき
　　兵庫教育大学教員養成・研修高度化センター助教
　　1988 年兵庫県生まれ，専門分野は社会科教育学，地理教育論。主な著書・論文として『ドイツ地理教育改革と ESD の展開』（古今書院，2018 年，単著），「高等学校地理におけるクロス・カリキュラム理論を取り入れた ESD 授業開発」（新地理 60（2），2012 年）。

泉　貴久　いずみ たかひさ
　　専修大学松戸高等学校教諭，専修大学商学部非常勤講師
　　1967 年東京都生まれ，専門分野は地理教育，社会科教育。主な著書・論文として『新しい地理の授業－高校「地理」新時代に向けた提案－』（二宮書店，2019 年，分担執筆），「システム思考及びマルチスケールの視点を活用した高等学校地理授業の成果と課題－単元「スマートフォンから世界が見える」を通して－」（新地理 67（1），2019 年）。

梅村 松秀　うめむら まつひで
　　ERIC 国際理解教育センター監事・理事
　　1939 年東京生まれ，専門分野は地理教育，環境教育。主な著書・論文として『PreK-8 アクティビティガイド「木と学ぼう」～より良い質の環境教育をめざして』（ERIC 国際理解教育センター，2009 年，共編・訳），『社会参画の授業づくり－持続可能な社会に向けて－』（古今書院，2012 年，編者・分担執筆），「「持続可能な開発のための地理教育に関するルツェルン宣言」の再読－「人間－地球」エコシステムが提起すること－」（地理科学 74（3），2019 年）。

河合 豊明　かわい とよあき
　　品川女子学院教諭
　　1988 年広島県生まれ，内閣府 RESAS 専門委員。専門分野は農村地理学。主な論文・受賞歴として「地理総合と GIS －その意義と汎用・基礎データの存続・課題と支援・実践－」（学術の動向 24（11），2019 年），初等中等教育における GIS 活用授業に係る優良事例として地理情報システム学会賞（2013 年）。

中村 洋介　なかむら ようすけ
　　公文国際学園中・高等部教諭，駒澤大学文学部非常勤講師
　　1976 年神奈川県生まれ，専門分野は地理教育，地生態学。主な著書・論文として『環境教育辞典』（教育出版，2013 年，分担執筆），「「地形系」からとらえる平野・海岸地形の学習－高等学校地理の参加型学習を通じた ESD －」（新地理 64（3），2016 年）。

宮﨑 沙織　みやざき さおり
　　群馬大学教育学部准教授
　　1982 年群馬県生まれ，専門分野は社会科教育，地理教育，環境教育。主な著書として『21 世紀の教育に求められる「社会的な見方・考え方」』（帝国書院，2018 年，分担執筆），『社会科における多文化教育－多様性・社会正義・公正を学ぶ－』（明石書店，2019 年，分担執筆）。

【執筆者および担当箇所】（執筆順）

山本 隆太　　やまもと りゅうた　　静岡大学地域創造教育センター准教授
　　　　　　　　　　　　　　　　　　　　　　　　　　　　はしがき，1.1，3.2，用語集
宮﨑 沙織　　みやざき さおり　　　群馬大学教育学部准教授　　　　　　　1.2
金田 啓珠　　かねだ ひろみ　　　　山形県教育センター指導主事　　　　　2.1.1
小河 泰貴　　こがわ やすたか　　　岡山県立津山高等学校教諭　　　　　　2.1.2
長谷川 正利　はせがわ まさとし　　桐蔭学園中学校・高等学校教諭　　　　2.2.1
佐々木 智章　ささき ともあき　　　早稲田大学高等学院教諭　　　　　　　2.2.2
田中 岳人　　たなか たけひと　　　同志社女子中・高等学校教諭　　　　　2.3.1
泉　　貴久　　いずみ たかひさ　　　専修大学松戸高等学校教諭，専修大学商学部非常勤講師
　　　　　　　　　　　　　　　　　　　　　　　　　マトリクス，2.3.2，あとがき
中村 洋介　　なかむら ようすけ　　公文国際学園中・高等部教諭，駒澤大学文学部非常勤講師
　　　　　　　　　　　　　　　　　　　　　　　　　　　　　　　　　　　2.3.3
池下　　誠　　いけした まこと　　　東京都公立中学校元教諭　　　　　　　2.4.1
河合 豊明　　かわい とよあき　　　品川女子学院教諭　　　　　　　　　　2.4.2
山内 洋美　　やまうち ひろみ　　　宮城県仙台西高等学校教諭　　　　　　2.4.3
今野 良祐　　こんの りょうすけ　　筑波大学附属坂戸高等学校教諭　　　　2.5.1
吉田 裕幸　　よしだ ひろゆき　　　鷗友学園女子中学高等学校教諭　　　　2.5.2
梅村 松秀　　うめむら まつひで　　ERIC 国際理解教育センター監事・理事　3.1
阪上 弘彬　　さかうえ ひろあき　　兵庫教育大学教員養成・研修高度化センター助教　3.1
レンプフラー アーミン（Armin REMPFLER）
　　　　　　　ルツェルン教育大学教授，スイス（Pädagogische Hochschule Luzern）　3.2
　　　　　　　　　　　　　　　　　　　　　　　　　　＊所属は 2021 年 3 月 31 日時点

書　　名	システム思考で地理を学ぶ
	－持続可能な社会づくりのための授業プラン－
コード	ISBN978-4-7722-4220-2 C3037
発行日	2021 年 3 月 12 日　初版第 1 刷発行
編　者	地理教育システムアプローチ研究会
	山本隆太・阪上弘彬・泉　貴久・梅村松秀・河合豊明・中村洋介・宮﨑沙織
	Copyright　©2021 YAMAMOTO Ryuta, SAKAUE Hiroaki, IZUMI Takahisa, UMEMURA Matsuhide, KAWAI Toyoaki, NAKAMURA Yosuke and MIYAZAKI Saori
発行者	株式会社古今書院　橋本寿資
印刷所	太平印刷社
発行所	（株）古今書院
	〒113-0021　東京都文京区本駒込 5-16-3
電　話	03-5834-2874
FAX	03-5834-2875
URL	http://www.kokon.co.jp/
	検印省略・Printed in Japan